Prevención de riesgos laborales en trabajos de soldadura

Vicente García Segura

Roberto Pérez Huguet

ic editorial

Prevención de riesgos laborales en trabajos de soldadura
© Vicente García Segura
© Roberto Pérez Huguet

1ª Edición

© IC Editorial, 2025

Editado por: IC Editorial
c/ Cueva de Viera, 2, Local 3
Centro Negocios CADI
29200 Antequera (Málaga)
Teléfono: 952 70 60 04
Fax: 952 84 55 03
Correo electrónico: iceditorial@iceditorial.com
Internet: www.iceditorial.com

ISBN: 979-13-7027-084-1
Depósito Legal: MA-1818-2025

Impresión: PODiPrint
Impreso en Andalucía – España

Nota de la editorial: IC Editorial pertenece a Innovación y Cualificación S. L.

Presentación del manual

El **Certificado de Profesionalidad** es el instrumento de acreditación, en el ámbito de la Administración laboral, de las cualificaciones profesionales del Catálogo Nacional de Cualificaciones Profesionales adquiridas a través de procesos formativos o del proceso de reconocimiento de la experiencia laboral y de vías no formales de formación.

El elemento mínimo acreditable es la **Unidad de Competencia.** La suma de las acreditaciones de las unidades de competencia conforma la acreditación de la competencia general.

Una **Unidad de Competencia** se define como una agrupación de tareas productivas específica que realiza el profesional. Las diferentes unidades de competencia de un certificado de profesionalidad conforman la **Competencia General,** definiendo el conjunto de conocimientos y capacidades que permiten el ejercicio de una actividad profesional determinada.

Cada **Unidad de Competencia** lleva asociado un **Módulo Formativo,** donde se describe la formación necesaria para adquirir esa **Unidad de Competencia,** pudiendo dividirse en **Unidades Formativas.**

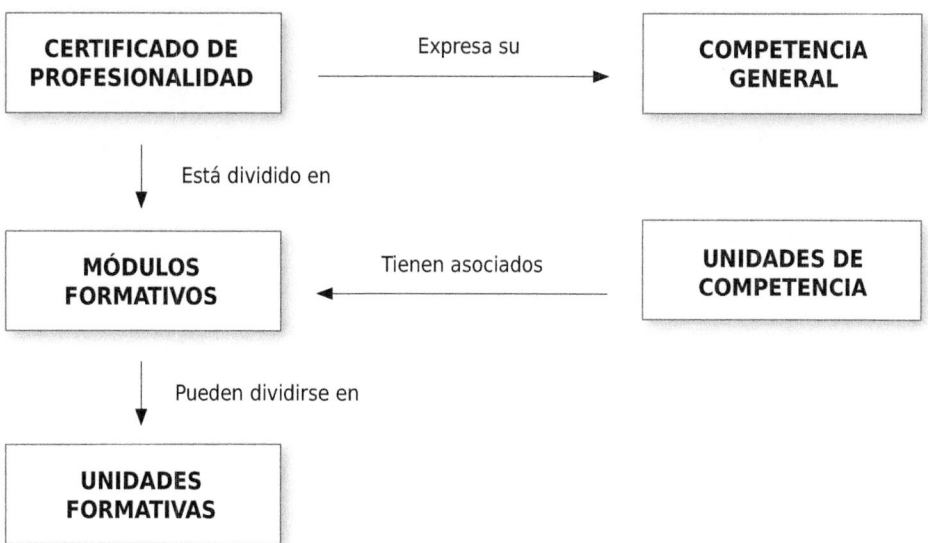

El presente manual desarrolla la Unidad Formativa **UF2999: Prevención de riesgos laborales en trabajos de soldadura,**

perteneciente a los Módulos Formativos:

- **MF2312_2:** Realización de las operaciones previas al soldeo con electrodo,
- **MF2313_2:** Ejecución de las operaciones de soldeo por arco bajo gas protector con electrodo consumible, soldeo «MIG/MAG»,
- **MF2314_2:** Realización de las operaciones postsoldeo con electrodo.

asociado a las unidades de competencia:

- **UC2312_2:** Realizar las operaciones previas de preparación al soldeo con electrodo,
- **UC2313_2:** Ejecutar las operaciones de soldeo por arco bajo gas protector con electrodo consumible, soldeo «MIG/MAG»,
- **UC2314_2:** Realizar las operaciones de comprobación y mejora postsoldeo al soldeo con electrodo.

del Certificado de Profesionalidad **Soldadura por arco bajo gas protector con electrodo consumible, soldeo «MIG/MAG».**

MF2312_2

REALIZACIÓN DE LAS
OPERACIONES PREVIAS
AL SOLDEO
CON ELECTRODO

Tiene
asociado el

UNIDAD DE COMPETENCIA
UC2312_2

Realizar las operaciones
previas de preparación al
soldeo con electrodo

Compuesto de las siguientes
UNIDADES FORMATIVAS

UF2998
Realización de las operaciones previas
al soldeo con electrodo

UF2999
**Prevención de riesgos laborales en
trabajos de soldadura**

UNIDAD
FORMATIVA
DESARROLLADA
EN ESTE MANUAL

```
┌─────────────────────────────────┐          ┌─────────────────────────────────┐
│           MF2313_2              │          │   UNIDAD DE COMPETENCIA         │
│                                 │          │         UC2313_2                │
│      EJECUCIÓN DE LAS           │  Tiene   │                                 │
│      OPERACIONES DE             │ asociado │   Ejecutar las operaciones      │
│   SOLDEO POR ARCO BAJO          │   el     │   de soldeo por arco bajo       │
│   GAS PROTECTOR CON        ◄────┤          │   gas protector con electrodo   │
│  ELECTRODO CONSUMIBLE,          │          │   consumible, soldeo «MIG/MAG»  │
│     SOLDEO «MIG/MAG»            │          │                                 │
└─────────────────────────────────┘          └─────────────────────────────────┘
```

Compuesto de las siguientes
UNIDADES FORMATIVAS

```
┌───────────────────────────────────────────┐
│                 UF3000                      │
│   Preparación previa al soldeo MIG/MAG y   │
│    soldadura MAG de chapas y perfiles       │
│            de acero al carbono              │
└───────────────────────────────────────────┘

┌───────────────────────────────────────────┐
│                 UF3001                      │
│  Soldadura MIG/MAG de chapas y estructuras │
│      de acero al carbono e inoxidable       │
└───────────────────────────────────────────┘

┌───────────────────────────────────────────┐
│                 UF3002                      │
│        Soldadura con alambre tubular        │
└───────────────────────────────────────────┘

┌───────────────────────────────────────────┐         UNIDAD
│                 UF2999                      │        FORMATIVA
│  Prevención de riesgos laborales en        │ <    DESARROLLADA
│        trabajos de soldadura                │      EN ESTE MANUAL
└───────────────────────────────────────────┘
```

MF2314_2 **REALIZACIÓN DE LAS OPERACIONES POSTSOLDEO CON ELECTRODO**	Tiene asociado el	**UNIDAD DE COMPETENCIA UC2314_2** Realizar las operaciones de comprobación y mejora postsoldeo al soldeo con electrodo

Compuesto de las siguientes
UNIDADES FORMATIVAS

UF3003
Realización de las operaciones postsoldeo con electrodo

UF2999
Prevención de riesgos laborales en trabajos de soldadura

UNIDAD
FORMATIVA
DESARROLLADA
EN ESTE MANUAL

FICHA DE CERTIFICADO DE PROFESIONALIDAD

(FMEC0119_2) SOLDADURA POR ARCO BAJO GAS PROTECTOR CON ELECTRODO CONSUMIBLE, SOLDEO «MIG/MAG»
(R. D. 569/2023, de 4 julio)

COMPETENCIA GENERAL: Realizar las operaciones de soldeo por arco bajo gas protector con electrodo consumible, soldeo «MIG/MAG», de acuerdo con la información aportada por los planos, especificaciones técnicas, especificaciones de los procedimientos de soldeo e instrucciones de trabajo, cumpliendo los estándares de calidad y la normativa aplicable sobre prevención de riesgos laborales y de protección del medioambiente.

Cualificación profesional de referencia	Unidades de competencia		Ocupaciones o puestos de trabajo relacionados
FME684_2 SOLDADURA POR ARCO BAJO GAS PROTECTOR CON ELECTRODO CONSUMIBLE, SOLDEO «MIG/MAG» (R. D. 98/2019, de 1 de marzo)	UC2312_2	Realizar las operaciones previas de preparación al soldeo con electrodo.	• Soldadores y oxicortadores. • Soldadores por MIG/MAG. • Soldadores de estructuras metálicas ligeras.
	UC2313_2	Ejecutar las operaciones de soldeo por arco bajo gas protector con electrodo consumible, soldeo «MIG/MAG»	
	UC2314_2	Realizar las operaciones de comprobación y mejora postsoldeo al soldeo con electrodo.	

Correspondencia con el Catálogo Modular de Formación Profesional

Módulos certificado	Unidades formativas	Horas
MF2312_2: Realización de las operaciones previas al soldeo con electrodo	UF2998: Realización de las operaciones previas al soldeo con electrodo	60
	UF2999: Prevención de riesgos laborales en trabajos de soldadura	30
MF2313_2: Ejecución de las operaciones de soldeo por arco bajo gas protector con electrodo consumible, soldeo «MIG/MAG»	UF3000: Preparación previa al soldeo MIG/MAG y soldadura MAG de chapas y perfiles de acero al carbono	90
	UF3001: Soldadura MIG/MAG de chapas y estructuras de acero al carbono e inoxidable	90
	UF3002: Soldadura con alambre tubular	80
	UF2999: Prevención de riesgos laborales en trabajos de soldadura	30
MF2314_2: Realización de las operaciones postsoldeo con electrodo	UF3003 Realización de las operaciones postsoldeo con electrodo	60
	UF2999: Prevención de riesgos laborales en trabajos de soldadura	30
MFPCT0594: Módulo de formación práctica en centros de trabajo soldadura MIG/MAG		80

Índice

Unidad de aprendizaje 4
Factores de riesgo en trabajos de soldadura

Glosario   159

Bibliografía   163

OBJETIVOS GENERALES

El objetivo general del **MF2312_2: Realización de las operaciones previas al soldeo con electrodo,** es:

➲ Realizar las operaciones previas de preparación al soldeo con electrodo.

Los objetivos generales del **UF2999: Prevención de riesgos laborales en trabajos de soldadura,** son:

➲ Disponer los equipos para las operaciones de preparación de bordes y posicionamiento de las piezas, cumpliendo la normativa aplicable de prevención de riesgos laborales y de protección del medioambiente.
➲ Realizar el corte de las piezas y la preparación de bordes, para alcanzar la penetración requerida de la soldadura, cumpliendo la normativa aplicable sobre prevención de riesgos laborales y de protección del medioambiente.
➲ Realizar el posicionamiento y fijación de las piezas para proceder a su soldadura, cumpliendo la normativa aplicable sobre prevención de riesgos laborales y de protección del medioambiente.

Conceptos básicos sobre seguridad y salud en el trabajo

Contenido

Objetivos

Los objetivos específicos de esta Unidad de Aprendizaje son:

→ Comprender las definiciones básicas de salud, trabajo, accidente laboral, enfermedad profesional y otras patologías derivadas del trabajo.

→ Identificar los riesgos profesionales y los factores de riesgo más frecuentes en el entorno laboral.

→ Interpretar el marco normativo fundamental en materia de prevención de riesgos laborales, con especial atención a la Ley 31/1995 y el Real Decreto 39/1997.

→ Valorar la prevención de riesgos laborales como una inversión estratégica que contribuye a la seguridad, la productividad y la sostenibilidad empresarial.

1. Introducción

En el mundo de la prevención de riesgos laborales hay una serie de definiciones básicas que son muy importantes tanto para comprender la propia prevención como desde el punto de vista legal; entre las más destacadas están las definiciones de salud, accidente de trabajo y enfermedad profesional.

Por su lado, la normativa de prevención también es muy importante, más bien esencial, ya que marca pautas legales del sector, establece límites para la seguridad, etc. Destaca la Ley 31/1995, de 8 de noviembre, de Prevención de Riesgos Laborales.

A lo largo de las diferentes unidades iremos explicando el caso de Alicia. Ella ha sido contratada como responsable de seguridad en una planta metalúrgica que incorporará nuevos puestos de soldadura para aumentar su capacidad de producción. Antes de supervisar la instalación de los equipos, entiende que debe dominar los conceptos básicos de prevención de riesgos laborales: qué implica el término *salud* en el trabajo, cómo identificar un accidente laboral y qué factores pueden originar una enfermedad profesional en este entorno. Su labor requiere conocer a fondo la Ley 31/1995 de Prevención de Riesgos Laborales, que marca las pautas y los límites para garantizar que cada soldador trabaje en condiciones seguras, minimizando la exposición a humos, radiaciones, calor y otros riesgos propios de la soldadura.

2. El trabajo y la salud

☞ HILO CONDUCTOR

Alicia está supervisando a un equipo de soldadores en una nave de fabricación de estructuras metálicas. Tiene un dilema, puesto que sabe que el trabajo les aporta estabilidad y desarrollo personal, pero también reconoce que puede afectar a su salud si al trabajar se produce un accidente, o se desarrollan enfermedades o se generan situaciones de estrés. A lo largo de su actividad tratará de equilibrar el bienestar físico, mental y social de cada trabajador para que la producción avance sin comprometer su seguridad.

El trabajo y la salud son dos conceptos que están íntimamente relacionados.

Por un lado, está la **connotación positiva,** ya que el trabajo le sirve a la persona para satisfacer necesidades fundamentales como alimentación, vivienda, etc. También cubre otras necesidades (realización personal, estatus social, etc.) que, aunque no son tan importantes como las anteriores, permiten alcanzar un estado que evitará la pérdida de salud.

Por otro lado, está la **connotación negativa,** debido a que el trabajo puede generar pérdida de salud si da lugar a accidentes, genera enfermedades y ayuda a la aparición de otras patologías (fatiga, estrés, insatisfacción...). Aunque en los últimos años se ha mejorado mucho, el hecho de que el trabajo puede implicar pérdida de salud se sigue produciendo.

Aclarado todo ello, no podemos obviar en este punto las definiciones de los **conceptos *trabajo* y *salud.***

Entre las definiciones más destacadas de ***trabajo*** que aparecen en la RAE se encuentran las siguientes:

- *Acción y efecto de trabajar.*
- *Ocupación retribuida.*
- *Obra, cosa producida por un ajuste.*
- *Obra, cosa producida por el entendimiento.*
- *Operación de la máquina, pieza, herramienta o utensilio que se emplea para algún fin.*
- *Esfuerzo humano aplicado a la producción de riqueza.*

Por su parte, la definición de ***salud*** que debe exponerse es la que ofrece la Organización Mundial de la Salud (OMS), por las connotaciones que tiene:

Estado de completo bienestar físico, mental y social, y no solamente la ausencia de afecciones o enfermedades.

Con esta definición, la OMS deja claro que la salud no solo es falta de daño o enfermedad (bienestar físico), sino que también es importante estar bien desde el punto de vista mental y social porque, en caso contrario, no nos encontraremos plenos de salud. Relacionado con el mundo laboral, ello quiere decir que un trabajador puede estar mal de salud por un accidente o por tener alguna enfermedad, pero también por sentirse fatigado mentalmente por estar estresado, etc.

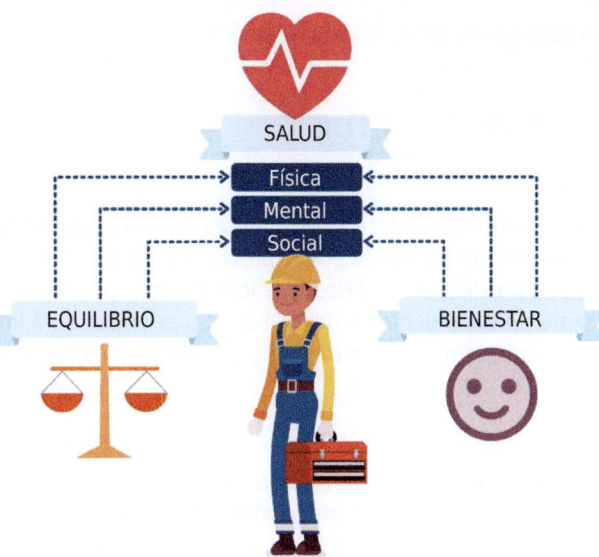

Para que haya salud tiene que haber un equilibrio y un bienestar físico, mental y social.

 EJEMPLO

Un trabajador puede darse de baja por falta de salud si sufre un corte con una máquina, pero también por problemas mentales que le ha generado la presión en el trabajo.

 ACTIVIDAD COMPLEMENTARIA

1. Cita un trabajo que requiera un gran esfuerzo físico y también una actividad que pueda provocar daños en la salud de los trabajadores por la posible ausencia de un estado de bienestar mental.

3. Los riesgos profesionales

☞ HILO CONDUCTOR

Alicia observa que parte del trabajo implica mover manualmente piezas pesadas. Consciente de que esta tarea puede provocar lesiones dorsolumbares, recuerda que la Ley 31/1995 define el *riesgo laboral* como la posibilidad de que un trabajador sufra un daño derivado del trabajo. Su prioridad será implantar medidas para eliminar o reducir estos riesgos y preservar la salud de todo el equipo.

Para conseguir que todos los trabajadores estén plenos de salud, las empresas tienen que tomar todas las medidas necesarias para evitar riesgos. Un riesgo profesional o, lo que es lo mismo, un riesgo laboral aparece definido perfectamente en el artículo 4 de la Ley 31/1995 de Prevención de Riesgos Laborales: "Posibilidad de que un trabajador sufra un determinado daño derivado del trabajo".

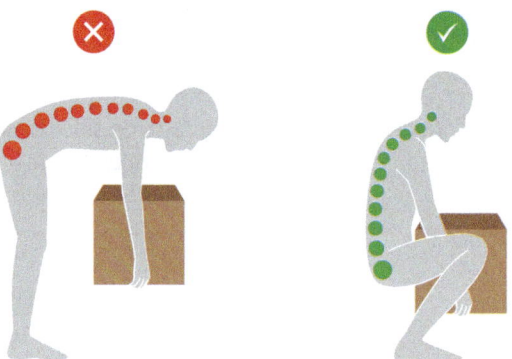

La necesidad de manejar manualmente una carga es un factor de riesgo, ya que los trabajadores pueden sufrir lesiones dorsolumbares.

4. Factores de riesgo

☞ HILO CONDUCTOR

En el área de soldadura, Alicia detecta que la manipulación manual de piezas de gran tamaño forma parte habitual de la jornada. Esta situación le permite reconocer la presencia de un factor de riesgo ergonómico, ya que el esfuerzo físico repetido puede derivar en sobrecargas musculares y lesiones dorso-lumbares. Al analizarlo, recuerda que la Ley 31/1995 establece que el riesgo laboral se relaciona con la posibilidad de sufrir un daño como consecuencia de la actividad profesional. Con esta base, Alicia decide evaluar los factores de riesgo implicados en el taller y establecer medidas organizativas y técnicas que reduzcan la exposición, con el objetivo de garantizar la seguridad y el bienestar de todo el equipo.

- -

Aparte de los riesgos, hay que destacar las principales circunstancias que provocan o aumentan los riesgos y, consecuentemente, los posibles daños; estas circunstancias se conocen como **factores de riesgo.**

A continuación, se citan algunos ejemplos:

- Utilización de equipos de transporte.
- Necesidad de trabajar en altura.
- Necesidad de subirse a escaleras de mano.
- Uso y manipulación de productos químicos.
- Las características de los productos (tóxicos, inflamables, comburentes, etc.).
- Utilización de equipos de trabajo.
- Necesidad de manejar herramientas cortantes.
- Necesidad de manejar manualmente la carga.
- Utilización de pantallas de visualización de datos (PVD).
- Atención a clientes.
- Trabajar de noche.
- Las características del local de trabajo.
- Las condiciones ambientales del local de trabajo.
- Mercancías situadas en altura.

ACTIVIDAD COMPLEMENTARIA

2. Cita una tarea en la que las vibraciones se convierten en un factor que puede causar daños en el trabajador.

Por otro lado, ¿piensas que el estilo de mando en una empresa puede ser un factor determinante que genera riesgos? Indica por qué.

Para evitar los riesgos y, consecuentemente, mantener plenos de salud a los trabajadores, entra en juego la prevención. El concepto **prevención** también aparece definido en el artículo 4 de la Ley 31/1995: "Conjunto de actividades o medidas adoptadas o previstas en todas las fases de actividad de la empresa con el fin de evitar o disminuir los riesgos derivados del trabajo".

La prevención de riesgos laborales lo que persigue es llevar a cabo una serie de actuaciones para eliminar o minimizar los riesgos a los que están expuestos los trabajadores en el lugar de trabajo. Busca que los trabajadores no se accidenten, enfermen o sufran las conocidas como otras patologías derivadas del trabajo, sino que las tareas sean seguras y, si puede ser, confortables y que permitan el desarrollo personal y profesional.

La **cultura preventiva** es esencial en todo ello, ya que conseguirá que el trabajador sea consciente de la realidad y, de esta manera, de que no es necesario asumir riesgos en el trabajo. Pero actualmente hay dos problemas:

➲ Hay tareas que no son consideradas por los propios trabajadores como peligrosas.
➲ Hay quienes consideran que hay determinados trabajos en los que necesariamente se deben asumir riesgos.

Ello puede conllevar al último concepto descrito en este punto: *riesgo laboral grave e inminente.* Según el artículo 4 de la Ley 31/1995 de Prevención de riesgos laborales, es "aquel que resulte probable racionalmente que se materialice en un futuro inmediato y pueda suponer un daño grave para la salud".

Riesgo laboral grave e inminente

RECUERDA

La cultura preventiva es esencial para que los trabajadores no asuman riesgos.

---

5. Consecuencias y daños derivados del trabajo

 **HILO CONDUCTOR**

Alicia está revisando las operaciones diarias y ha detectado varios factores de riesgo: manipulación de piezas pesadas, exposición a productos inflamables y trabajo en altura. Sabe que, según la Ley 31/1995, la prevención implica adoptar medidas en todas las fases de la actividad para eliminar o reducir riesgos. Con una cultura preventiva sólida, busca que el equipo entienda que no es necesario asumir peligros para cumplir con su labor, evitando así situaciones de riesgo grave e inminente.

Siguiendo con el artículo 4 de la Ley de Prevención de Riesgos Laborales, los **daños derivados del trabajo** son "las enfermedades, patologías o lesiones sufridas con motivo u ocasión del trabajo".

Estos daños pueden evitarse si el trabajo se realiza en unas condiciones adecuadas.

El trabajo no tiene por qué ser perjudicial para la salud; al contrario, debe ser fuente de desarrollo para el trabajador, además de realización profesional. Pero en muchas ocasiones la realidad es otra, ya que las situaciones de riesgo a las que el trabajador se ve sometido en el desempeño de su tarea ocasionan daños a su salud.

Según la definición expuesta anteriormente, los daños pueden ser enfermedades, patologías o lesiones.

5.1. Accidentes de trabajo

Según el *Real Decreto Legislativo 8/2015, de 30 de octubre, por el que se aprueba el Texto Refundido de la Ley General de la Seguridad Social*, en su artículo 156, **accidente de trabajo** se define como "toda lesión corporal que el trabajador sufra con ocasión o por consecuencia del trabajo que ejecute por cuenta ajena".

Por lo tanto, legalmente no se considerará accidente de trabajo si no hay lesión y si no se produce realizando un trabajo por cuenta ajena o por consecuencia de este.

Accidente de trabajo: el trabajador ha caído de la escalera y se ha dañado la pierna

Siguiendo con el artículo 156, tendrán consideración de accidente de trabajo los siguientes:

a. *Los que sufra el trabajador al ir o al volver del lugar de trabajo.*

b. *Los que sufra el trabajador con ocasión o como consecuencia del desempeño de cargos electivos de carácter sindical, así como los ocurridos al ir o al volver del lugar en que se ejerciten las funciones propias de dichos cargos.*

c. *Los ocurridos con ocasión o por consecuencia de las tareas que, aun siendo distintas a las de su grupo profesional, ejecute el trabajador en cumplimiento de las órdenes del empresario o espontáneamente en interés del buen funcionamiento de la empresa.*

d. *Los acaecidos en actos de salvamento y en otros de naturaleza análoga, cuando unos y otros tengan conexión con el trabajo.*

e. *Las enfermedades, no incluidas en el artículo siguiente, que contraiga el trabajador con motivo de la realización de su trabajo, siempre que se pruebe que la enfermedad tuvo por causa exclusiva la ejecución del mismo.*

f. *Las enfermedades o defectos, padecidos con anterioridad por el trabajador, que se agraven como consecuencia de la lesión constitutiva del accidente.*

g. *Las consecuencias del accidente que resulten modificadas en su naturaleza, duración, gravedad o terminación, por enfermedades intercurrentes, que constituyan complicaciones derivadas del proceso patológico determinado por el accidente mismo o tengan su origen en afecciones adquiridas en el nuevo medio en que se haya situado el paciente para su curación.*

 SABÍAS QUE...

El accidente sufrido al ir o al volver del trabajo se conoce como accidente *in itinere*.

 ACTIVIDAD COMPLEMENTARIA

3. Indica si conoces algún caso de accidente de trabajo sufrido por un conocido.

   En caso afirmativo, señala la causa o las causas que lo provocaron.

   Por otro lado, ¿conoces algún caso de accidente considerado *in itinere?* En caso afirmativo, ¿el accidentado tuvo algún problema con la Administración para que lo consideraran un accidente de trabajo?

5.2. Enfermedades profesionales

El concepto de **enfermedad profesional** también aparece en el Real Decreto Legislativo 8/2015, concretamente en el artículo 157:

Se entenderá por enfermedad profesional la contraída a consecuencia del trabajo ejecutado por cuenta ajena en las actividades que se especifiquen en el cuadro que se apruebe por las disposiciones de aplicación y desarrollo de esta ley, y que esté provocada por la acción de los elementos o sustancias que en dicho cuadro se indiquen para cada enfermedad profesional.

Un alto nivel de ruido en el trabajo puede generar con el tiempo sordera profesional.

Varios puntos importantes se pueden extraer de la definición anterior:

⮞ Solo será enfermedad profesional si esta se ha producido realizando un trabajo por cuenta ajena.
⮞ No tendrá consideración de enfermedad profesional aquella que no aparezca en el cuadro de aplicación y desarrollo de esta ley, la cual debe estar provocada por los elementos y las sustancias indicadas en dicho cuadro.

 **IMPORTANTE**

Es el Real Decreto 1299/2006, de 10 de noviembre, el que aprueba el cuadro de enfermedades en el sistema de la Seguridad Social.

- -

5.3. Otras patologías derivadas del trabajo

Además de las enfermedades y los accidentes, la prevención de riesgos laborales también lleva a cabo el **análisis de otras patologías** que tienen su **origen en el trabajo,** aunque es cierto que la relación de causalidad es menos clara y específica. En ocasiones, estas patologías son tratadas como enfermedades comunes y es difícil que sean consideradas legalmente como enfermedades profesionales.

Las principales patologías derivadas del trabajo son la fatiga, el estrés y la insatisfacción laboral.

La **fatiga** (física o mental) puede estar causada por:

- Inadecuada postura de trabajo.
- Inadecuado manejo de cargas.
- Inadecuada recepción de la información.
- Inadecuado tratamiento de la información.
- Tener que ofrecer respuestas dinámicas (rápidas soluciones).

El **estrés** suele tener causas como:

- Alto ritmo de trabajo.
- Acumulación de tareas.
- Alto nivel de atención.
- Cantidad de información que tratar.
- Calidad de información que tratar.
- Malas relaciones entre trabajadores.
- Posibilidad de sufrir un atraco.

El riesgo de **insatisfacción laboral** puede tener su causa en:

- Monotonía.
- Falta de autonomía.
- Falta de participación.
- Bajo contenido de las tareas.
- Función o rol que desempeñan los trabajadores.
- Ausencia de comunicación.
- Malas relaciones entre trabajadores.

5.4. Repercusiones económicas y de funcionamiento

La implantación de las medidas de prevención de riesgos laborales no solo responde a una obligación legal y ética, sino que tiene un impacto directo sobre la viabilidad económica y el correcto funcionamiento de las empresas.

La prevención de riesgos laborales no debe entenderse únicamente como una obligación legal o una cuestión ética, sino como una inversión estratégica que repercute directamente en la viabilidad económica y el buen funcionamiento de la empresa. Las organizaciones que integran la seguridad y la salud en su gestión diaria logran reducir la cantidad de incidentes, mejoran la productividad y refuerzan su reputación en el mercado.

Desde el punto de vista económico, una adecuada gestión preventiva contribuye a minimizar los costes directos y los indirectos derivados de los accidentes y de las enfermedades profesionales. Entre los costes directos se incluyen las indemnizaciones, los gastos médicos y de rehabilitación, así como la reparación o la sustitución de los equipos dañados. En cuanto a los costes indirectos, menos visibles pero igualmente significativos, se encuentran la pérdida de productividad debida a las bajas laborales, a las interrupciones de la producción, el incremento de las primas de seguros y los costes legales asociados a las investigaciones, sanciones o litigios.

Más allá de la reducción de costes, la prevención impacta de manera positiva en el funcionamiento interno de la empresa. Un entorno seguro favorece la continuidad operativa, evita retrasos en la entrega de los productos o servicios y contribuye a mantener la calidad. Asimismo, un clima laboral en el que los trabajadores perciben un compromiso real por su seguridad aumenta la motivación, la implicación y la fidelización del personal, lo que se traduce en menores índices de absentismo y rotación.

 SABÍAS QUE...

Estudios de la Agencia Europea para la Seguridad y la Salud en el Trabajo (EU-OSHA) señalan que cada euro invertido en prevención puede generar entre dos y cuatro euros en beneficios, gracias a la disminución de incidentes y al aumento del rendimiento empresarial.

Beneficios de prevenir 	Costes de no prevenir
- Reducción de la siniestralidad - Menor gasto médico y compensaciones - Mayor productividad - Reputación positiva - Cumplimiento normativo - Mayor compromiso y retención - Continuidad operativa	- Aumento de accidentes y enfermedades profesionales - Incremento de gastos médicos e indemnizaciones - Pérdida de productividad - Daños a la imagen corporativa - Sanciones y litigios - Desmotivación y rotación - Interrupciones en la producción

RECUERDA

Mientras que la falta de medidas preventivas puede acarrear un aumento de la siniestralidad, un deterioro de la imagen corporativa y una pérdida de competitividad, la inversión en seguridad laboral proporciona retornos medibles.

En definitiva, la prevención de riesgos laborales constituye un pilar fundamental para garantizar no solo la salud y el bienestar de los trabajadores, sino también la sostenibilidad y el crecimiento de las empresas. Mientras que considerarla como un gasto es un error estratégico, asumirla como una inversión supone apostar por la eficiencia, la calidad y la competitividad.

APLICACIÓN PRÁCTICA

La Dirección de tu empresa está valorando si merece la pena invertir 12.000 € en un plan de prevención de riesgos laborales que incluye formación, señalización y equipos de protección individual.

Actualmente, la empresa registra una media anual de tres accidentes laborales leves y uno grave, con un coste total estimado de 18.000 € en indemnizaciones, bajas y pérdida de productividad. Además, la

Continúa en página siguiente >>

<< Viene de página anterior

aseguradora les ha advertido que, si la siniestralidad no se reduce, la prima anual aumentará en 2.000 €.

La Dirección de la empresa te llama para que les resuelvas las siguientes dudas que tienen:

- **¿Es económicamente rentable invertir en prevención?**
- **¿Qué otros beneficios, además de los económicos, podría obtener la empresa al implantar el plan preventivo?**

Solución

Si se invierten 12.000 € en prevención y las medidas implantadas reducen significativamente la siniestralidad, se eliminarían o disminuirían los 18.000 € anuales en costes por accidentes, evitando además el incremento de la prima del seguro. Esto supondría un ahorro potencial de 8.000 € el primer año, sin contar con el retorno en años posteriores, que sería aún mayor una vez amortizada la inversión inicial.

Más allá del beneficio económico directo, la prevención aportaría ventajas adicionales como la mejora del clima laboral, el aumento de la productividad, la reducción del absentismo, el cumplimiento normativo, la mejora de la reputación corporativa y una mayor retención del talento. Según datos de la EU-OSHA, cada euro invertido en prevención puede generar entre 2 y 4 € en retorno, confirmando así la rentabilidad de la inversión.

---

6. Marco normativo básico en materia de prevención de riesgos laborales

 **HILO CONDUCTOR**

Alicia ha recibido el encargo de revisar que todas las operaciones cumplen con la Ley 31/1995 y el Reglamento de los Servicios de Prevención. Sabe que su papel no se limita a identificar riesgos, sino que debe garantizar que cada soldador reciba la formación, vigilancia de la salud y equipos de protección

Continúa en página siguiente >>

<< Viene de página anterior

adecuados. Con el marco legal español y las directivas europeas como guía, su misión es integrar la prevención en todas las fases del trabajo, asegurando que la producción avance de forma segura y conforme a la normativa.

Varias son las normas que afectan a la prevención de riesgos laborales. Las principales se citarán en este punto, aunque solo algunas serán las analizadas.

6.1. La Ley de Prevención de Riesgos Laborales

La **Ley 31/1995, de 8 de noviembre,** de Prevención de Riesgos Laborales, es la principal norma española relativa a la seguridad y la salud en el ámbito laboral.

Para promover la seguridad y la salud, esta ley establece los principios generales de prevención y protección, intenta eliminar o disminuir los riesgos derivados del trabajo, informa, favorece la participación de los trabajadores en materia preventiva, establece los términos de la formación, etc.

A continuación, serán analizados los artículos que más directamente afectan a los trabajadores.

El **artículo 14** indica que los trabajadores tienen derecho a que se les proteja eficazmente, derecho que consecuentemente se convierte en un deber para el empresario.

NOTA

Si los trabajadores pertenecen a una Administración pública, sobre esta recae el deber de proteger a los trabajadores.

El empresario debe garantizar la seguridad y la salud de sus trabajadores mediante la integración de la actividad preventiva en la empresa; además, adoptará todas las medidas de protección oportunas. Muy importante es que la acción preventiva se vaya perfeccionando; para ello, debe ser permanente y continua.

El **artículo 19** señala que los trabajadores deben recibir una formación preventiva tanto teórica como práctica, además de suficiente y adecuada. Esta formación estará enfocada a prevenir los riesgos de cada trabajador, por lo que debe centrarse específicamente en el puesto de trabajo o la función del trabajador.

El trabajador será formado en el momento de su contratación, pero también es necesaria una nueva formación siempre que cambien las funciones del trabajador, se introduzcan nuevas tecnologías en la empresa o se produzcan cambios en los equipos de trabajo.

La formación debe impartirse dentro de la jornada de trabajo; si no es posible, se impartirá en otras horas.

Por último, hay que saber que el coste económico de la formación de los trabajadores nunca recaerá sobre ellos.

En el **artículo 22** se indica que los trabajadores tienen derecho a una vigilancia periódica de su salud.

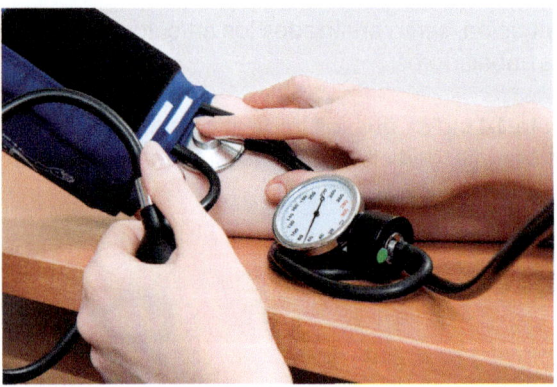

Los reconocimientos médicos de los trabajadores son esenciales para vigilar su salud.

Esta vigilancia no se llevará a cabo si el trabajador no presta su consentimiento. Pero hay una serie de casos en los que no se puede negar el trabajador:

⊃ Cuando la vigilancia de la salud se considere imprescindible para evaluar los efectos de las condiciones de trabajo sobre la salud.

⊃ Cuando la vigilancia de la salud se considere imprescindible para comprobar si el estado de salud de un trabajador puede constituir un peligro para sí mismo, para el resto de los trabajadores o para otras personas relacionadas con la empresa.

⊃ Cuando lo establezca una disposición legal.

También es importante que los trabajadores sepan que los resultados de la vigilancia de la salud solo les serán comunicados a ellos mismos, aunque los empresarios y los responsables preventivos de una empresa sí serán informados si un trabajador es apto o no apto para su puesto, incluso si, siendo apto, hay que introducir en la empresa medidas de protección y prevención.

 IMPORTANTE

Aunque un trabajador ya no esté en su antigua empresa, tiene derecho a seguir con el servicio de vigilancia de su salud si los riesgos a los que estaba expuesto lo hacen necesario.

A los empresarios no siempre se les puede hacer responsables de un accidente, enfermedad, etc., por ejemplo, en el caso de que los trabajadores no cumplan sus obligaciones preventivas. Por este motivo, el **artículo 29** indica que estas obligaciones son:

Usar adecuadamente, de acuerdo con su naturaleza y los riesgos previsibles, las máquinas, aparatos, herramientas, sustancias peligrosas, equipos de transporte y, en general, cualesquiera otros medios con los que desarrollen su actividad.

Utilizar correctamente los medios y equipos de protección facilitados por el empresario, de acuerdo con las instrucciones recibidas de este.

No poner fuera de funcionamiento y utilizar correctamente los dispositivos de seguridad existentes o que se instalen en los medios relacionados con su actividad o en los lugares de trabajo en los que esta tenga lugar.

Informar de inmediato a su superior jerárquico directo, y a los trabajadores designados para realizar actividades de protección y de prevención o, en su caso, al servicio de prevención, acerca de cualquier situación que, a su juicio, entrañe, por motivos razonables, un riesgo para la seguridad y la salud de los trabajadores.

Contribuir al cumplimiento de las obligaciones establecidas por la autoridad competente con el fin de proteger la seguridad y la salud de los trabajadores en el trabajo.

Cooperar con el empresario para que este pueda garantizar unas condiciones de trabajo que sean seguras y no entrañen riesgos para la seguridad y la salud de los trabajadores.

Trabajador utilizando correctamente la radial

 IMPORTANTE

Si los trabajadores no cumplen sus obligaciones en materia de prevención de riesgos, se considerará incumplimiento laboral.

 ACTIVIDAD COMPLEMENTARIA

4. Investiga para decir si la Ley de Prevención de Riesgos Laborales es aplicable a todos los sectores. Si no lo es, indica cuál puede ser la causa.

6.2. El Reglamento de los Servicios de Prevención

El Reglamento de los Servicios de Prevención, aprobado en España mediante el Real Decreto 39/1997, de 17 de enero, desarrolla los principios establecidos en la Ley 31/1995 de Prevención de Riesgos Laborales y establece las disposiciones mínimas para la organización de la actividad preventiva empresarial. El objetivo de este reglamento es garantizar que todas las empresas cuenten con la estructura y los medios adecuados para identificar, evaluar y controlar los riesgos que puedan afectar a la seguridad y a la salud de los trabajadores.

En su articulado, el reglamento define las distintas modalidades de organización de la prevención que puede adoptar una empresa en función de su tamaño, el sector de actividad y su nivel de riesgo. Estas modalidades incluyen la asunción personal por el empresario (en casos muy concretos y en empresas de pequeño tamaño), la designación de trabajadores responsables de la actividad preventiva, la constitución de un servicio propio de prevención o la contratación de un servicio de prevención ajeno.

El reglamento establece también los requisitos y las competencias que deben cumplir los servicios de prevención, ya sean internos o externos. Estos servicios deben disponer de personal con la formación y la cualificación adecuada, así como de los medios materiales y técnicos necesarios para desarrollar sus funciones. Entre estas funciones se incluyen la evaluación de riesgos, la planificación de la actividad preventiva, la vigilancia de la salud de los trabajadores y la formación e información en materia de seguridad y salud laboral.

Otro aspecto relevante es la coordinación de las actividades empresariales, especialmente en aquellos casos en los que varios empleadores desarrollan sus trabajos en un mismo centro de trabajo. El reglamento especifica la necesidad de establecer mecanismos de intercambio de información y coordinación para evitar duplicidades, lagunas o contradicciones en las medidas de prevención aplicadas.

La aplicación efectiva del Reglamento de los Servicios de Prevención no solo asegura el cumplimiento de la normativa vigente, sino que además proporciona un marco claro para integrar la prevención en todos los niveles de la organización. De este modo, la seguridad y la salud de los trabajadores se convierten en elementos esenciales de la gestión empresarial, contribuyendo a reducir la siniestralidad, mejorar el clima laboral y aumentar la productividad.

6.3. Alcance y fundamentos jurídicos

La prevención de riesgos laborales (PRL) en España se apoya en un sólido marco normativo cuyo pilar principal es la Ley 31/1995, de 8 de noviembre, de Prevención de Riesgos Laborales. Esta ley constituye la norma básica que regula el derecho de los trabajadores a una protección eficaz en materia de seguridad y salud en el trabajo, así como las obligaciones que deben asumir los empleadores para garantizarla.

 IMPORTANTE

El alcance de esta normativa es general y se extiende a todos los sectores de actividad, tanto públicos como privados, e incluye a todos los trabajadores, con independencia de la modalidad contractual o del tipo de relación laboral. No obstante, existen disposiciones específicas y reglamentaciones sectoriales para actividades con riesgos particulares, como la construcción, la minería o el transporte, que complementan el marco general.

En cuanto a sus fundamentos jurídicos, la Ley 31/1995 se enmarca en el artículo 40.2 de la Constitución Española, que establece la obligación de los poderes públicos de velar por la seguridad y la higiene en el trabajo. Asimismo, esta ley transpone a la legislación española las directrices y las disposiciones de la Directiva Marco 89/391/CEE del Consejo de la Unión Europea, que establece medidas para fomentar la mejora de la seguridad y de la salud de los trabajadores en el trabajo.

El desarrollo reglamentario de la ley se materializa en normas específicas como el Real Decreto 39/1997, de 17 de enero, por el que se aprueba el Reglamento de los Servicios de Prevención, y en un conjunto de reales decretos que regulan aspectos concretos como la señalización de seguridad; la manipulación manual de cargas; la exposición a los agentes químicos, físicos o biológicos, y la utilización de los equipos de protección individual.

Este marco jurídico, además de establecer las obligaciones para las empresas, también reconoce los derechos de los trabajadores, como el derecho a recibir información, formación y medios de protección adecuados, así como a participar en la toma de decisiones en materia de prevención. Su correcta aplicación persigue un doble objetivo: proteger la integridad física y mental de los trabajadores y mejorar la eficiencia y la sostenibilidad de las organizaciones.

6.4. Directivas sobre seguridad y salud en el trabajo

El marco normativo español se encuentra fuertemente influenciado por la legislación de la Unión Europea, cuyo eje principal lo constituyen las directivas comunitarias. Estas normas, de carácter vinculante para los Estados miembros, establecen los objetivos y los principios generales que deben incorporarse a las legislaciones nacionales mediante los procesos de transposición.

La más relevante es la Directiva Marco 89/391/CEE, adoptada por el Consejo de la Unión Europea el 12 de junio de 1989. Esta directiva establece las medidas necesarias para fomentar la mejora de la seguridad y de la salud de los trabajadores en el trabajo. Entre sus principios fundamentales destacan la evaluación y la eliminación de riesgos en su origen, la adaptación del trabajo a la persona, la información y la formación continua de los trabajadores, y la obligación de los empresarios de garantizar la seguridad y la salud en todos los aspectos relacionados con el trabajo.

Además de la directiva marco, existen otras directivas específicas que desarrollan aspectos concretos de la prevención y que han sido transpuestas a la legislación española a través de distintos reales decretos. Entre las más relevantes se encuentran:

Directiva 89/654/CEE	- Sobre disposiciones mínimas de seguridad y salud en los lugares de trabajo
Directiva 89/656/CEE	- Sobre el Uso de Equipos de Protección Individual
Directiva 90/269/CEE	- Relativa a la manipulación manual de cargas que entrañe riesgos, especialmente dorsolumbares
Directiva 2003/10/CE	- Sobre exposición de los trabajadores a riesgos derivados de agentes físicos como el ruido
Directiva 2004/37/CE	- Relativa a la protección de los trabajadores contra riesgos relacionados con la exposición a agentes carcinógenos o mutágenos
Directiva 2009/104/CE	- Relativa a la Utilización de Equipos de Trabajo por los Trabajadores

Todas las directivas comparten un enfoque preventivo que busca actuar antes de que se produzca el daño, promoviendo entornos de trabajo seguros y saludables en toda la Unión Europea. Su transposición al ordenamiento jurídico español ha permitido armonizar las normas nacionales con los estándares europeos, favoreciendo así la protección integral de los trabajadores y la igualdad de condiciones en el mercado laboral europeo.

La observancia de estas directivas, además de ser un requisito legal, también constituye una referencia técnica para la elaboración de las políticas de prevención más eficaces y alineadas con las mejores prácticas internacionales.

7. Organismos públicos relacionados con la seguridad y la salud en el trabajo

☞ HILO CONDUCTOR

Alicia ha recibido la visita de un inspector de Trabajo acompañado por un técnico del Instituto Nacional de Seguridad y Salud en el Trabajo. Juntos han revisado las condiciones de seguridad, la formación recibida por los operarios y la correcta utilización de los equipos de protección. Alicia sabe que detrás de esta labor están los organismos nacionales, autonómicos y europeos que trabajan coordinadamente para garantizar que cada soldador desempeñe su labor en un entorno seguro, conforme a la normativa y con respaldo institucional.

Dentro del derecho del trabajo y, especialmente, en el ámbito de la seguridad y la salud en el trabajo, adquieren especial importancia los convenios elaborados en el seno de la Organización Internacional del Trabajo (OIT) y los tratados y directivas europeas asumidas por España al formar parte, como miembro de pleno derecho, de la Unión Europea.

7.1. Organismos nacionales

A continuación, se explica de manera general el funcionamiento de diferentes organismos nacionales.

Instituto Nacional de Seguridad y Salud en el Trabajo (INSST)

Es el órgano científico-técnico especializado de la Administración General del Estado que tiene como misión el análisis y el estudio de las condiciones de seguridad y salud en el trabajo, así como la promoción y el apoyo a la mejora de estas. Para ello, establecerá la cooperación necesaria con los órganos de las comunidades autónomas con competencias en esta materia.

Algunas de las funciones que tiene que realizar el INSST son las que se destacan a continuación:

➲ Promoción y realización de actividades de formación, información, investigación, estudio y divulgación en materia de prevención de riesgos laborales, con la adecuada coordinación y colaboración con los órganos técnicos en materia preventiva de las comunidades autónomas.
➲ Apoyo técnico y colaboración con la Inspección de Trabajo y Seguridad Social en el cumplimiento de su función de vigilancia y control.
➲ Velar por la coordinación, además de apoyar el intercambio de información y experiencias entre las distintas Administraciones públicas.
➲ Fomentar y prestar apoyo a la realización de actividades de promoción de la seguridad y de la salud por las comunidades autónomas.
➲ Prestar, de acuerdo con las Administraciones competentes, apoyo técnico especializado en materia de certificación, ensayo y acreditación.
➲ Cualesquiera otras que sean necesarias para el cumplimiento de sus fines y le sean encomendadas en el ámbito de sus competencias, de acuerdo con la Comisión Nacional de Seguridad y Salud en el Trabajo, con la colaboración, en su caso, de los órganos técnicos de las comunidades autónomas con competencias en la materia.

Los órganos que forman el INSST son:

➲ La Dirección del INSST, que a su vez ejerce la secretaría de la Comisión Nacional de Seguridad y Salud en el Trabajo.
➲ El Consejo General, en el que están representadas las organizaciones sindicales y empresariales y la Administración pública. Es el órgano participativo en la gestión del INSST.
➲ El INSST desarrolla su actividad técnica en diferentes sedes a nivel nacional:

  ♾ Los Servicios Centrales (SS. CC.) en Madrid.
  ♾ Los cuatro Centros Nacionales (CC. NN.):

    ♾ Centro Nacional de Condiciones de Trabajo (CNCT) en Barcelona.
    ♾ Centro Nacional de Medios de Protección (CNMP) en Sevilla.

⇕ Centro Nacional de Nuevas Tecnologías (CNNT) en Madrid.
⇕ Centro Nacional de Verificación de Maquinaria (CNVM) en Bizkaia.

◑ Los gabinetes provinciales de Ceuta y Melilla.

La Inspección de Trabajo y Seguridad Social

La Inspección de Trabajo y Seguridad Social es un servicio público cuya función es ejercer la vigilancia del cumplimiento de las normas de orden social y exigir las responsabilidades correspondientes en caso de infracción o incumplimiento. Para ello, debe:

⮑ Asegurar que se respeten las condiciones de trabajo, proponiendo a la autoridad competente la sanción correspondiente cuando compruebe una infracción.
⮑ Asesorar e informar a las empresas y a los trabajadores sobre la manera más efectiva de cumplir las disposiciones cuya vigilancia tiene encomendada.
⮑ Elaborar los informes solicitados por los juzgados de lo social.
⮑ Informar a la autoridad laboral sobre los accidentes de trabajo mortales, muy graves o graves, y sobre aquellos otros que consideren necesarios, además de las enfermedades profesionales.
⮑ Comprobar y favorecer el cumplimiento de las obligaciones por los servicios de prevención.
⮑ Ordenar la paralización inmediata de trabajos cuando, a juicio del inspector, se advierta la existencia de riesgo grave e inminente para la seguridad y la salud de los trabajadores.

Administraciones públicas competentes en materia sanitaria

Las actuaciones de las Administraciones públicas competentes en materia sanitaria, referentes a la salud laboral, se llevarán a cabo a través de los aspectos señalados en el capítulo IV del Título I de la Ley 14/1986, de 25 de abril, General de Sanidad. En particular, a las Administraciones públicas competentes en materia sanitaria les corresponde:

⮑ El establecimiento de medios adecuados para la evaluación y el control de las actuaciones de carácter sanitario que se realicen en las empresas por los servicios de prevención.
⮑ La implantación de sistemas de información adecuados que permitan la elaboración de mapas de riesgos, estudios epidemiológicos, etc.

⊃ La supervisión de la formación que deba recibir el personal sanitario en materia de salud laboral.

⊃ La elaboración y la divulgación de estudios, investigaciones y estadísticas relacionados con la salud de los trabajadores.

Otras Administraciones públicas relacionadas con la seguridad y la salud en el trabajo

Hay que señalar las competencias atribuidas al Ministerio de Industria, Comercio y Turismo, reguladas en la Ley de Industria, en relación con la ordenación y la seguridad industrial.

Logo oficial del Ministerio de Industria, Comercio y Turismo

Comisión Nacional de Seguridad y Salud en el Trabajo

Es el órgano colegiado asesor de las Administraciones públicas en la formulación de las políticas de prevención, y órgano de participación institucional en materia de seguridad y salud en el trabajo.

La Comisión está formada por representantes de:

⊃ La Administración General del Estado.

⊃ Las Administraciones de las comunidades autónomas y de las ciudades de Ceuta y Melilla.

⊃ Las organizaciones empresariales y sindicales más representativas.

La Comisión conocerá, podrá informar y formular propuestas referentes a:

⊃ Criterios y programas generales de actuación.

⊃ Proyectos de disposiciones de carácter general.

⊃ Coordinación de las actuaciones desarrolladas por las Administraciones públicas competentes en materia laboral, sanitaria y de industria.

7.2. Organismos de carácter autonómico

La Constitución Española, en su art. 149.1.7.ª, reserva al Estado la competencia exclusiva en materia de legislación laboral, sin perjuicio de su ejecución por los órganos de las comunidades autónomas.

Así, las autonomías que tienen transferida esta ejecución disponen de la potestad sancionadora, que se efectuará de acuerdo con su regulación propia a propuesta de la Inspección de Trabajo y Seguridad Social.

Según lo previsto en los respectivos estatutos autonómicos, las funciones que venían desarrollando los Gabinetes Técnicos Provinciales del INSST quedan traspasadas a las comunidades autónomas. Dichos órganos reciben denominaciones distintas según la comunidad en la que se encuentren y desarrollan funciones como la investigación de accidentes, la formación y el asesoramiento técnico.

8. Resumen

En el mundo de la prevención de riesgos laborales son muy importantes una serie de definiciones, la mayoría de las cuales son definiciones legales, ya que aparecen en distintas normas.

La definición de *salud* que marca la OMS es muy importante porque equipara en importancia el bienestar físico al mental y al social. Si alguno de estos tres falta (por un accidente, por una enfermedad, por estrés...), la persona afectada no se encontrará plena de salud.

Si una empresa busca que todos sus trabajadores estén plenos de salud, debe tomar todas las medidas posibles que eviten riesgos. El término *riesgo profesional* aparece definido en la Ley de Prevención de riesgos laborales.

Aparte de los propios riesgos, también son muy importantes los factores de riesgo, es decir, aquellas circunstancias que provocan o aumentan los riesgos y consecuentemente los posibles daños.

La aplicación de medidas de prevención de riesgos laborales, además de ser una obligación legal y ética, influye directamente en la viabilidad económica y en el buen funcionamiento de las empresas.

La Ley 31/1995 de Prevención de Riesgos Laborales también define tres conceptos esenciales: *prevención, riesgo laboral grave e inminente* y *daños derivados del trabajo*. Estos daños pueden ser enfermedades, patologías o lesiones.

Tanto los *accidentes de trabajo* como las *enfermedades profesionales* son definidos y desarrollados en el *Real Decreto Legislativo 8/2015, de 30 de octubre, por el que se aprueba el Texto Refundido de la Ley General de la Seguridad Social*. Ambas definiciones son de gran importancia porque, para que un accidente o una enfermedad sean considerados laborales, tiene que cumplirse lo que expone el citado real decreto.

Aparte de las definiciones, la propia legislación preventiva es esencial. La principal norma española es la Ley 31/1995, de 8 de noviembre, de Prevención de Riesgos Laborales, que promueve la seguridad y la salud de los trabajadores, intenta eliminar o minimizar los riesgos derivados del trabajo, etc.

El Reglamento de los Servicios de Prevención, aprobado por el Real Decreto 39/1997, desarrolla la Ley 31/1995 y fija las disposiciones mínimas para organizar la actividad preventiva en las empresas, asegurando que dispongan de los medios necesarios para identificar, evaluar y controlar los riesgos laborales.

Ejercicios de autoevaluación
Unidad de Aprendizaje 1

1. La posibilidad de que un trabajador sufra un determinado daño derivado del trabajo es un...

   a. ... factor de riesgo.
   b. ... riesgo profesional.
   c. ... riesgo de accidente.
   d. ... riesgo de enfermedad.

2. ¿Cuál de las siguientes opciones puede ser considerada un factor de riesgo?

   a. Utilización de equipos de transporte.
   b. Las características del local de trabajo.
   c. Necesidad de trabajar en altura.
   d. Todas las opciones son correctas.

3. ¿En qué artículo de la Ley 31/1995 de Prevención de Riesgos Laborales aparece definido el concepto prevención?

   a. Artículo 2.
   b. Artículo 3.
   c. Artículo 4.
   d. Artículo 5.

4. Según la Ley de Prevención de Riesgos Laborales, los daños derivados del trabajo pueden ser:

   a. Enfermedades o lesiones.
   b. Enfermedades, patologías o lesiones.
   c. Patologías.
   d. Patologías o lesiones.

5. ¿En qué norma española aparece definido el concepto accidente de trabajo?

   a. Real Decreto 485/1997.
   b. Real Decreto 1215/1997.

    c. Real Decreto Legislativo 8/2015.

    d. Real Decreto Legislativo 258/2016.

6. ¿Cuál de las siguientes características tiene que darse para que una enfermedad sea considerada enfermedad profesional?

    a. Si se ha contraído en ambientes laborales con altas temperaturas.

    b. Si se ha contraído en ambientes laborales con bajas temperaturas.

    c. Si se ha producido realizando un trabajo por cuenta propia.

    d. Si se ha producido realizando un trabajo por cuenta ajena.

7. ¿Qué artículo de la Ley de Prevención de Riesgos Laborales es el referido a la formación de los trabajadores en prevención?

    a. Artículo 7.

    b. Artículo 19.

    c. Artículo 24.

    d. Artículo 35.

8. Un trabajador que ya no trabaja en una empresa, ¿puede solicitar los servicios de vigilancia de la salud a esta empresa?

    a. Depende de la actividad económica de la empresa.

    b. No, nunca.

    c. Sí, siempre.

    d. Sí, en el caso de que sea necesario por los riesgos a los que estaba expuesto.

9. ¿Cuál de las siguientes opciones son obligaciones de los trabajadores en materia de prevención de riesgos laborales?

    a. Utilizar correctamente los medios y los equipos de protección.

    b. No poner fuera de funcionamiento y utilizar correctamente los dispositivos de seguridad.

    c. Cooperar con el empresario para que este pueda garantizar unas condiciones de trabajo que sean seguras.

    d. Todas las opciones son correctas.

10. ¿Cuál es el real decreto por el que se establecen las disposiciones mínimas de seguridad y salud en los lugares de trabajo?

    a. Real Decreto 486/1997.
    b. Real Decreto 488/1997.
    c. Real Decreto 614/2001.
    d. Real Decreto 54/2003.

Riesgos generales y su prevención

Contenido

Objetivos

Los objetivos específicos de esta Unidad de Aprendizaje son:

→ Analizar las medidas de prevención y de seguridad respecto a los trabajos de soldadura, contenidas en los planes de seguridad de las empresas del sector.

→ Describir los requerimientos de las áreas de trabajo y los procedimientos para su preparación, determinando los riesgos laborales específicos correspondientes y sus medidas correctoras.

→ Aplicar medidas preventivas y correctoras ante los riesgos detectados, incluyendo selección, conservación y correcta utilización de los equipos de protección individual y colectiva.

1. Introducción

En cualquier actividad laboral, independientemente del sector o la tarea específica, existen riesgos inherentes que pueden afectar la salud y la seguridad de los trabajadores. Estos riesgos generales incluyen peligros físicos, mecánicos, eléctricos, químicos, biológicos y ergonómicos, entre otros, y pueden originarse tanto por las características propias del trabajo como por el entorno en el que se desarrolla.

La prevención de estos riesgos requiere un enfoque integral que combine medidas técnicas, organizativas y de formación, así como la participación activa de todos los niveles de la organización. Conocerlos en detalle y aplicar de forma sistemática las acciones preventivas no solo reduce la probabilidad de accidentes y enfermedades profesionales, sino que también mejora la eficiencia, la calidad del trabajo y el bienestar general en el entorno laboral.

Alicia está desarrollando una sesión formativa en el taller de soldadura para explicarles a los trabajadores que, más allá de los riesgos propios de su oficio, existen otros comunes en cualquier actividad laboral: físicos, eléctricos, químicos o ergonómicos. Ha considerado que en esta sesión debe hacer hincapié en que la prevención no depende únicamente del uso de los equipos adecuados, sino también de la organización del trabajo, la formación continua y la implicación de todos para reducir los accidentes y mejorar la seguridad y la calidad en la producción.

2. Riesgos en el manejo de herramientas y equipos

 HILO CONDUCTOR

En el taller de soldadura, Alicia observa que algunos operarios utilizan herramientas en mal estado. Consciente de que esto puede causar cortes, atrapamientos o descargas, insiste en que utilicen equipos de calidad, los mantengan correctamente y empleen siempre los EPI para trabajar de forma segura.

- -

El uso de herramientas y equipos, tanto manuales como mecánicos o eléctricos, es una actividad habitual en numerosos entornos laborales e industriales. Sin embargo, su manipulación inadecuada, la falta de mantenimiento o el desconocimiento de las medidas preventivas pueden generar accidentes que comprometen la seguridad del trabajador y la integridad de las instalaciones. Estos riesgos abarcan desde lesiones leves, como cortes o contusiones, hasta incidentes graves, incluyendo atrapamientos, descargas eléctricas o incendios.

La correcta identificación de los peligros asociados, junto con la aplicación de los procedimientos de trabajo seguros, el uso adecuado de equipos de protección individual (EPI) y la formación continua, son elementos clave para minimizar la probabilidad de que sucedan los accidentes y garantizar un entorno laboral seguro y eficiente.

Entre los riesgos más importantes debidos al uso de herramientas pueden encontrarse:

- Contactos con elementos cortantes.
- Golpes.
- Proyección de fragmentos volantes.
- Caídas por sobreesfuerzos.

En muchas ocasiones, estos riesgos son provocados por un uso inadecuado, utilización de herramientas defectuosas o de mala calidad, transporte y almacenamiento incorrecto, etc.

Para evitar estos problemas, debemos:

- Utilizar herramientas de calidad.
- Usar las herramientas siguiendo las instrucciones y conforme a los trabajos para las que han sido diseñadas.
- Usar gafas de protección si hay riesgo de proyección de partículas.
- Utilizar guantes si trabajamos con material cortante.
- Mantenimiento y revisiones periódicas adecuadas.
- Almacenamiento correcto.

Respecto a las máquinas y los equipos, los riesgos más importantes pueden ser:

- Aplastamiento, cizallamiento, corte...
- Contacto eléctrico directo o indirecto.
- Quemaduras.
- Problemas ocasionados por ruido y vibraciones.
- Problemas ocasionados por radiaciones.
- Problemas ergonómicos.

Entre las medidas preventivas destacan:

- La instalación de las máquinas debe hacerse en lugares apropiados: suelos firmes, amplitud de espacio, suficiente iluminación y ventilación, temperaturas adecuadas, etc.
- El emplazamiento se hará de modo que los trabajadores puedan acceder a todos los servicios de mantenimiento, reparación y limpieza.
- La instalación debe hacerse de acuerdo con las instrucciones del fabricante y por personal autorizado.
- Realizar el mantenimiento adecuado.
- Utilizar correctamente las máquinas y los equipos, por personal cualificado, siguiendo las instrucciones de uso y para el fin para el que han sido fabricadas.
- Adquirir máquinas seguras (marcado CE).
- Usar materiales seguros.
- Usar fuentes de alimentación seguras.
- Utilizar máquinas y equipos que posean las adecuadas medidas de seguridad (detección de fallos, resguardos, dispositivos de protección, etc.).

3. Riesgos en la manipulación de sistemas e instalaciones

☞ HILO CONDUCTOR

En el taller, Alicia les advierte a los soldadores que su labor implica riesgos muy diversos: desde quemaduras y descargas eléctricas hasta intoxicaciones por humos o lesiones musculares. Por eso ha decidido recordarles que la seguridad depende del mantenimiento de los equipos en buen estado, del uso siempre de los EPI adecuados, de una adecuada ventilación y de la aplicación de las técnicas seguras que conocen, para desarrollar los trabajos de soldadura de forma eficiente y sin comprometer el funcionamiento de los equipos y las instalaciones.

La soldadura es un proceso industrial fundamental para la unión de metales mediante calor, presión o ambos. Sin embargo, su ejecución implica riesgos significativos tanto para el operario como para el entorno de trabajo. La manipulación de los sistemas y los equipos de soldadura, así como de las instalaciones asociadas, requiere un estricto control de las condiciones de seguridad, ya que la combinación de altas temperaturas, electricidad, gases y radiaciones puede generar accidentes graves si no se aplican las medidas preventivas adecuadas.

3.1. Principales riesgos identificados

En los trabajos de soldadura, la naturaleza misma del proceso y el uso de los equipos especializados generan peligros particulares que no están presentes en otras tareas industriales. Estos riesgos pueden provenir del propio equipo de soldadura, de la manipulación de piezas y materiales, o de las condiciones del entorno. A continuación, se describen los principales.

Riesgos mecánicos

En el sector de la soldadura, los riesgos mecánicos se asocian a la manipulación de piezas metálicas pesadas, herramientas y accesorios. Estos riesgos suelen presentarse durante el posicionamiento, la sujeción o el desplazamiento de los elementos que soldar y en el uso de equipos auxiliares como prensas o mordazas. Entre los riesgos más habituales se encuentran:

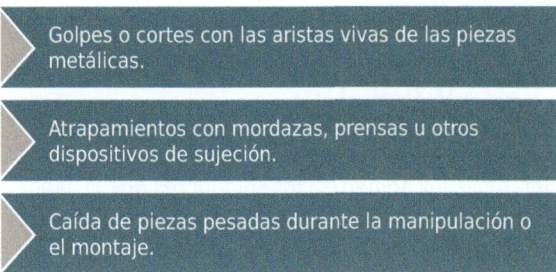

Golpes o cortes con las aristas vivas de las piezas metálicas.

Atrapamientos con mordazas, prensas u otros dispositivos de sujeción.

Caída de piezas pesadas durante la manipulación o el montaje.

Riesgo eléctrico

El proceso de soldadura eléctrica implica trabajar con equipos de alto amperaje y, en muchos casos, en entornos con elevada humedad o conductividad. Una conexión defectuosa o un equipo en mal estado pueden ocasionar descargas graves. A continuación, se recopilan algunos de los riesgos eléctricos más habituales:

⮕ Contacto directo con las partes activas del circuito de soldadura.
⮕ Contacto indirecto por derivaciones o fallos en el aislamiento de cables y pinzas.
⮕ Conexiones a tierra defectuosas que generan riesgo de electrocución.

Riesgos térmicos

Los riesgos térmicos son inherentes a la soldadura, ya que el proceso genera temperaturas extremadamente elevadas capaces de fundir los metales. Además, las proyecciones de chispas y el calor radiante pueden alcanzar zonas próximas al punto de trabajo. Además de estos riesgos, dentro de este grupo se pueden destacar los siguientes:

⮕ Quemaduras por contacto con los metales fundidos o con las superficies recientemente soldadas.
⮕ Lesiones por proyecciones incandescentes que penetran en la ropa o impactan en la piel.
⮕ Exposición prolongada al calor radiante debido al arco eléctrico.

Riesgos químicos

Durante la soldadura se generan humos metálicos y gases tóxicos como ozono, óxidos de nitrógeno o vapores de los metales pesados, que pueden ser inhalados si no se cuenta con la adecuada ventilación. La composición de estos contaminantes depende del material base y del electrodo o hilo utilizado. Además, los soldadores están expuestos a los siguientes riesgos:

⮕ Inhalación de los humos y vapores que provocan irritación ocular y respiratoria.
⮕ Riesgo de intoxicación crónica debido al trabajo con metales como el plomo, el cromo o el cadmio.
⮕ Irritación cutánea por contacto con las partículas o el polvo metálico.

Riesgos de incendio y explosión

El uso de llama abierta, arco eléctrico y chispas convierte a la soldadura en una actividad con un alto potencial de incendio si se realiza cerca de materiales inflamables. Además, en los espacios confinados puede acumularse gas combustible. Debe tenerse especial cuidado con:

➲ La inflamación de los materiales combustibles debido a la proyección de las chispas.
➲ Explosiones por acumulación de gases en depósitos, tuberías o recipientes cerrados.
➲ Uso inadecuado de las bombonas de gas si se trabaja con la soldadura oxiacetilénica.

Riesgos ergonómicos

El soldador suele trabajar en posiciones incómodas, manipulando herramientas y equipos pesados durante períodos prolongados. Esto, junto con la repetición de movimientos, incrementa el riesgo de lesiones musculoesqueléticas. Deben cuidarse:

➲ Las posturas forzadas al soldar en altura o en espacios reducidos.
➲ La manipulación manual de piezas pesadas o incómodas.
➲ Los movimientos repetitivos que afecten a los hombros, a las muñecas y a la espalda.

Riesgos por radiaciones

El arco de soldadura emite radiaciones ultravioletas (UV) e infrarrojas (IR) que, sin la protección adecuada, pueden causar lesiones graves en los ojos y en la piel. Incluso la exposición indirecta, como observar la soldadura a distancia, puede provocar daños. Debe cuidarse, sobre todo, el sentido de la vista para evitar:

➲ El *flash* ocular (queratitis fotoeléctrica) debido a la exposición a las radiaciones UV.
➲ Las quemaduras en la piel debidas a la radiación infrarroja.
➲ La afectación visual a largo plazo debido a la exposición continua.

3.2. Factores que agravan los riesgos

Además de los factores anteriores, existen otros que pueden intensificar la probabilidad y la gravedad de los accidentes. Detectarlos y controlarlos es esencial para garantizar un entorno de trabajo seguro. Entre ellos destacan:

➲ La ausencia o el uso incorrecto de los equipos de protección individual (EPI).
➲ La falta de mantenimiento preventivo en los equipos de soldadura.

⮕ Los espacios de trabajo mal ventilados.
⮕ La presencia de materiales combustibles sin protección.
⮕ La formación insuficiente del personal en técnicas seguras de soldadura.

3.3. Medidas preventivas recomendadas

La seguridad en los trabajos de soldadura requiere la aplicación de medidas preventivas de forma sistemática y adaptada a cada situación de trabajo. Esto incluye las acciones y las técnicas, y los procedimientos organizativos como los siguientes:

⮕ Revisar el estado de los equipos antes de cada uso.
⮕ Asegurar una ventilación adecuada o utilizar sistemas de extracción localizada.
⮕ Utilizar siempre careta con filtro, guantes ignífugos, ropa de algodón tratada y calzado de seguridad.
⮕ Retirar o proteger los materiales inflamables en el área de trabajo.
⮕ Comprobar las conexiones eléctricas y la puesta a tierra del equipo.
⮕ Capacitar al personal en técnicas y primeros auxilios ante quemaduras o electrocución.

4. Riesgos en el almacenamiento y el transporte de cargas

 HILO CONDUCTOR

En la zona de almacenamiento de la empresa, Alicia observa cómo los operarios manipulan las cargas pesadas y utilizan carretillas elevadoras en los pasillos estrechos. Conocedora de que estos riesgos pueden causar lesiones musculoesqueléticas, caídas de materiales o incluso atropellos, les insiste en la importancia que tiene el organizar bien el espacio, en mantener los equipos en buen estado, en señalizar las zonas de tránsito y en la formación que están recibiendo en técnicas seguras de manipulación y transporte.

En los entornos industriales, logísticos y de construcción, las actividades de almacenamiento y transporte de cargas son esenciales. Sin embargo, implican la manipulación de materiales que, por su peso, volumen o características, pueden generar riesgos significativos para la salud de los trabajadores y la seguridad de las instalaciones. La correcta organización del espacio, la correcta elección de los medios de transporte y el cumplimiento de los procedimientos de seguridad son factores clave para prevenir los accidentes y optimizar la eficiencia de las operaciones.

4.1. Principales riesgos identificados

En los trabajos de almacenamiento y transporte de cargas, los riesgos pueden originarse tanto en la manipulación manual como en el uso de los equipos mecánicos o vehículos de transporte interno. Estos peligros afectan principalmente al sistema musculoesquelético, pero también pueden provocar accidentes graves debidos a caídas, golpes o atrapamientos. A continuación, se detallan los principales.

Riesgos por manipulación manual de cargas

La manipulación manual de cargas puede generar lesiones agudas o crónicas, especialmente en la espalda, en los hombros y en las extremidades superiores, debido al esfuerzo físico, la postura adoptada y la frecuencia de la tarea. Entre las más habituales destacan:

⮞ Lesiones lumbares por levantamiento de cargas pesadas.
⮞ Sobreesfuerzos musculares por movimientos bruscos.
⮞ Golpes o cortes al manipular materiales con aristas vivas o superficies irregulares.

Riesgos por uso de equipos de elevación y transporte

El uso de carretillas elevadoras, transpaletas, grúas o polipastos requiere una operación segura para evitar los accidentes derivados de un manejo inadecuado o fallos mecánicos. Los que más se producen son:

⮞ Atrapamientos entre la carga y las estructuras fijas.
⮞ Vuelco de los equipos de elevación por sobrecarga o uso indebido.
⮞ Golpes a las personas por desplazamientos no controlado de cargas.

Riesgos por caída de cargas

Un almacenamiento incorrecto o una sujeción inadecuada durante el transporte pueden provocar la caída de los materiales, con consecuencias graves para las personas y daños en las infraestructuras. Se debe tener especial cuidado con:

- El desplome de las estanterías por sobrecarga o por una mala distribución del peso.
- La caída de objetos durante los trabajos de elevación o transporte.
- El deslizamiento de las cargas en los vehículos por carencia de anclajes adecuados.

Riesgos ergonómicos y posturales

El almacenamiento y el transporte, tanto manual como mecanizado, suelen implicar movimientos repetitivos, giros de tronco y posturas mantenidas, lo que aumenta el riesgo de lesiones musculoesqueléticas. Mayoritariamente, estas lesiones son debidas a:

- Dolores crónicos en la espalda, el cuello o los hombros.
- Lesiones por giros o flexiones repetidas al cargar o descargar materiales.
- Fatiga generalizada por un esfuerzo físico prolongado.

Riesgos por colisión y atropello

El movimiento de vehículos y equipos de transporte interno en las zonas de trabajo compartidas con los peatones supone un riesgo importante si no se delimitan correctamente los espacios. Los más habituales son:

- Atropellos a personas por carretillas o vehículos.
- Colisiones entre los equipos de transporte.
- Impactos contra las estructuras, las estanterías o las mercancías.

4.2. Factores que agravan los riesgos

La peligrosidad en el almacenamiento y el transporte de las cargas aumenta cuando se presentan condiciones que dificultan la correcta manipulación o desplazamiento de los materiales. Detectar estos factores es esencial para aplicar medidas correctivas. Deben vigilarse, entre otras opciones, las siguientes:

⊃ Organización deficiente del almacén y pasillos obstruidos.
⊃ Sobrecarga de las estanterías y las estructuras de almacenamiento.
⊃ Equipos de transporte en mal estado o sin mantenimiento.
⊃ Falta de señalización en las zonas de circulación de vehículos y peatones.
⊃ Carencia de formación del personal en técnicas seguras de manipulación y conducción.

4.3. Medidas preventivas recomendadas

Para garantizar la seguridad en el almacenamiento y el transporte de las cargas, es necesario combinar las medidas técnicas, organizativas y de formación, aplicando los protocolos que aseguren la integridad física de los trabajadores y la conservación de los materiales. Entre las principales medidas preventivas recomendadas, destacan:

⊃ Planificar las operaciones para evitar los sobreesfuerzos y minimizar los desplazamientos innecesarios.
⊃ Utilizar las ayudas mecánicas (carretillas, transpaletas, polipastos) siempre que sea posible.
⊃ Mantener en buen estado los equipos de elevación y transporte, con revisiones periódicas.
⊃ Organizar el almacén con pasillos despejados y zonas claramente delimitadas.
⊃ Señalizar las áreas de circulación y establecer las normas básicas para el tránsito seguro de vehículos y peatones.
⊃ Capacitar al personal en técnicas de levantamiento seguro y manejo de equipos de transporte.

 **APLICACIÓN PRÁCTICA**

En un almacén industrial, varios trabajadores manipulan manualmente cajas de más de 25 kg y utilizan carretillas elevadoras en pasillos estrechos. En los últimos tres meses se han producido:

• **Dos lesiones lumbares debido a levantamientos inadecuados.**
• **Un atropello con carretilla por falta de señalización.**
• **Una caída de materiales mal apilados.**

Continúa en página siguiente >>

<< Viene de página anterior

La Dirección de la empresa analiza la situación y propone:

* Adquirir transpaletas y polipastos (6.000 €).
* Rediseñar el almacén con pasillos más anchos y señalización (3.000 €).
* Formación en técnicas seguras de manipulación (1.000 €).

¿Qué riesgos concretos se están reduciendo con estas medidas?

Además del beneficio económico, ¿qué ventajas aporta este plan preventivo?

Solución

Estas medidas reducen los riesgos de lesiones musculoesqueléticas, caídas de cargas, colisiones y atropellos. La inversión total de 10.000 € puede evitar accidentes con un coste estimado de más de 20.000 € anuales, logrando un ahorro considerable.

Otros beneficios incluyen: mejora de la salud y la seguridad de los trabajadores, reducción del absentismo, aumento de la productividad y una mayor satisfacción laboral gracias a un entorno más seguro.

5. Riesgos asociados al medio de trabajo

 **HILO CONDUCTOR**

Alicia está revisando las operaciones diarias y ha detectado varios factores de riesgo: manipulación de piezas pesadas, exposición a productos inflamables y trabajo en altura. Sabe que, según la Ley 31/1995, la prevención implica adoptar medidas en todas las fases de la actividad para eliminar o reducir riesgos. Con una cultura preventiva sólida, busca que el equipo entienda que no es necesario asumir peligros para cumplir con su labor, evitando así situaciones de riesgo grave e inminente.

Se entiende por *medio de trabajo* el entorno que afecta y condiciona las circunstancias de vida de los trabajadores en su conjunto. Normalmente, se dan en un momento determinado, influyendo en la salud de los trabajadores.

Las condiciones ambientales que pueden resultar nocivas para la salud de los trabajadores están directamente relacionadas con la presencia en el trabajo de:

Tanto unos como otros pueden entrar en contacto con los trabajadores y afectar negativamente a su salud.

5.1. La exposición laboral a agentes físicos

Los agentes físicos también pueden provocar daños en los trabajadores. Los principales de ellos son:

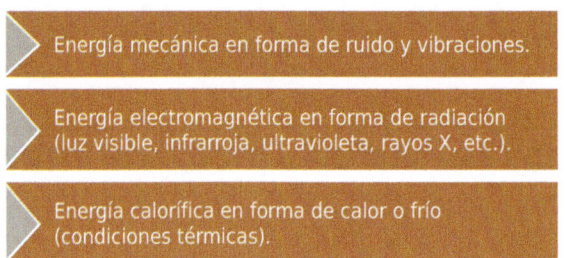

Ruido

El volumen del sonido **se mide en decibelios (dB).** Si el ruido es fuerte, o durante una jornada ininterrumpida de 8 h se mantiene un nivel de ruido mayor de 80 dB(A), este puede provocar daños en el oído; en casos extremos, pueden darse sorderas profesionales (hipoacusias).

Además de deteriorar el aparato auditivo, el ruido puede generar en los trabajadores:

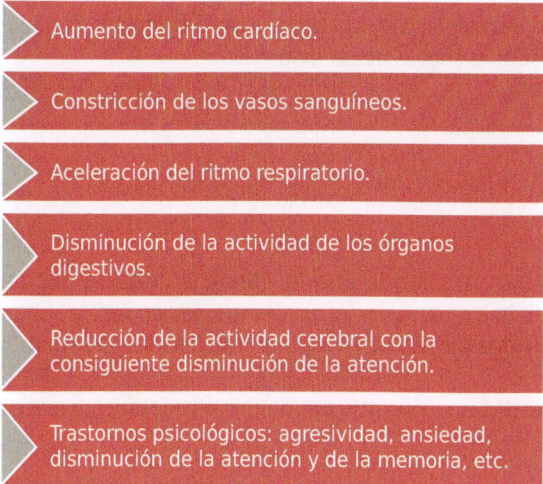

- Aumento del ritmo cardíaco.
- Constricción de los vasos sanguíneos.
- Aceleración del ritmo respiratorio.
- Disminución de la actividad de los órganos digestivos.
- Reducción de la actividad cerebral con la consiguiente disminución de la atención.
- Trastornos psicológicos: agresividad, ansiedad, disminución de la atención y de la memoria, etc.

Por todo ello, hay que tomar una serie de **medidas preventivas:**

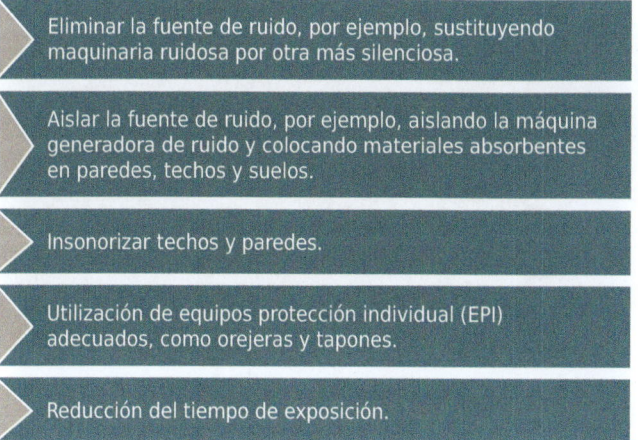

- Eliminar la fuente de ruido, por ejemplo, sustituyendo maquinaria ruidosa por otra más silenciosa.
- Aislar la fuente de ruido, por ejemplo, aislando la máquina generadora de ruido y colocando materiales absorbentes en paredes, techos y suelos.
- Insonorizar techos y paredes.
- Utilización de equipos protección individual (EPI) adecuados, como orejeras y tapones.
- Reducción del tiempo de exposición.

ACTIVIDAD COMPLEMENTARIA

5. Busca información para indicar cuántos decibelios puede generar el tráfico y cuántos el motor de un avión.

Vibraciones

A cualquier trabajador puede afectarle toda vibración transferida a su cuerpo. Esta transmisión y sus efectos dependen mucho de la postura; además, no todos los individuos presentan la misma sensibilidad.

Como **medidas preventivas** ante las vibraciones, se encuentran:

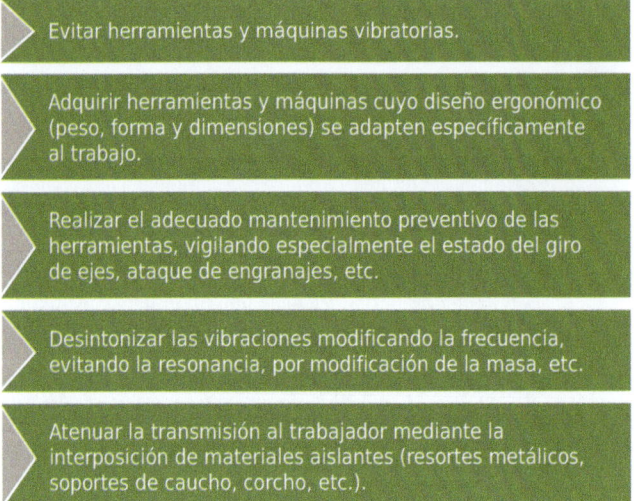

Evitar herramientas y máquinas vibratorias.

Adquirir herramientas y máquinas cuyo diseño ergonómico (peso, forma y dimensiones) se adapten específicamente al trabajo.

Realizar el adecuado mantenimiento preventivo de las herramientas, vigilando especialmente el estado del giro de ejes, ataque de engranajes, etc.

Desintonizar las vibraciones modificando la frecuencia, evitando la resonancia, por modificación de la masa, etc.

Atenuar la transmisión al trabajador mediante la interposición de materiales aislantes (resortes metálicos, soportes de caucho, corcho, etc.).

Iluminación

A pesar de ser un factor de calidad de vida, a la iluminación, en muchas ocasiones, no se le da la debida importancia.

Ejemplo de buena iluminación natural en el lugar de trabajo

 SABÍAS QUE...

Los ojos suelen adaptarse, al menos a corto plazo, a condiciones deficientes de iluminación. Pero si la deficiencia de iluminación es prolongada, podemos empezar a sufrir molestias, a veces directamente en los ojos (irritación, cansancio ocular, etc.) y otras veces molestias no oculares, como dolor de cabeza o fatiga.

Hay que tener muy en cuenta que el mayor problema de la deficiencia de iluminación en los lugares de trabajo no es la dificultad para realizarlos, sino su contribución al aumento de los accidentes. Por todo ello, es imprescindible que los trabajos se realicen bajo unas óptimas condiciones de iluminación:

> Disponer de luz natural.

> Disponer de persianas u otros dispositivos para evitar deslumbramientos.

> Disponer de un sistema de iluminación artificial complementaria, general, proveniente de las lámparas del techo y de las paredes, y localizada, para disponer de un mayor nivel de luz en aquellos puestos de trabajo que lo requieren.

ACTIVIDAD COMPLEMENTARIA

6. Indica si alguna vez has trabajado con iluminación deficiente y, si lo has hecho, qué iluminación hubiera sido la adecuada en ese momento.

Por otro lado, ¿cuál crees que es el mejor tipo de iluminación? Razona tu respuesta.

Radiaciones

Se trata de la emisión y la propagación de energía en forma de ondas electromagnéticas o partículas a través del medio.

Entre las **medidas preventivas** que tomar ante las radiaciones se encuentran:

➲ Aislar la fuente emisora.
➲ Disminuir la intensidad.
➲ Acortar los tiempos de exposición.
➲ Utilizar guantes y ropas protectoras.
➲ Informar previamente a todo trabajador sobre los riesgos y las precauciones.
➲ Los trabajadores potencialmente expuestos a radiaciones ionizantes estarán sujetos a una vigilancia especial de la salud.
➲ Los locales de trabajo en los que exista riesgo de exposición a radiaciones ionizantes estarán debidamente controlados y señalizados.

 DEFINICIÓN

Radiaciones ionizantes
Poseen energía suficiente para originar partículas con carga eléctrica (iones) al interaccionar con la materia. Pueden ser electromagnéticas (rayos X y gamma, etc.) o corpusculares (partículas alfa y beta...).

Condiciones térmicas

Unas malas condiciones térmicas pueden dar lugar a efectos fisiológicos directos sobre los trabajadores (resfriados, deshidratación, golpe de calor, etc.), incluso afectar a su conducta (disminución del rendimiento, aumento de la insatisfacción...). Por ello, hay que tener en cuenta una serie de medidas preventivas:

⮑ Actuar sobre las fuentes de calor mediante al apantallamiento.
⮑ Actuar sobre el ambiente térmico dotando al local de ventilación general y de sistemas de extracción localizada.
⮑ Actuar sobre el individuo por medio de equipos de protección personal como ropa de trabajo adecuada.
⮑ Climatizar el lugar de trabajo.
⮑ Rotar a los trabajadores, limitando el tiempo de permanencia.

 RECUERDA

Según el Real Decreto 486/1997:

• La temperatura de los locales donde se realicen trabajos sedentarios propios de oficinas o similares estará comprendida entre 17 y 27 ºC.
• La temperatura de los locales donde se realicen trabajos ligeros estará comprendida entre 14 y 25 ºC.

- -

 ACTIVIDAD COMPLEMENTARIA

7. Cita situaciones en las que las condiciones térmicas afectan al trabajo.

¿Cuál piensas que es peor situación para trabajar: el calor o el frío? Razona tu respuesta.

- -

5.2. La exposición laboral a agentes químicos

El efecto nocivo de los contaminantes químicos es consecuencia de la acción tóxica que tienen.

El efecto adverso o indeseable causado por una sustancia química sobre un sistema biológico depende de la toxicidad intrínseca de la sustancia, es decir, de la potencia del veneno, pero también depende de las posibilidades reales que tenga de entrar en el cuerpo humano.

Para cuantificar el efecto adverso que una sustancia química puede producir en nuestro organismo, se tendrán en cuenta la concentración del tóxico y el tiempo de exposición.

 SABÍAS QUE...

Los contaminantes químicos suelen penetrar en el organismo a través de una de las siguientes vías:

- Vía respiratoria.
- Vía dérmica.
- Vía digestiva.
- Vía parenteral.

 ACTIVIDAD COMPLEMENTARIA

8. Investiga qué es la vía parenteral.

   ¿Cuál puede ser la principal vía de entrada de contaminantes al cuerpo? Razona tu respuesta.

Aunque un producto sea peligroso, en todos los casos no producirá daño o enfermedad. A pesar de ello, siempre hay que estar totalmente informado sobre la peligrosidad de los productos. De esta manera, es fundamental exigir al fabricante, importador o suministrador la ficha de seguridad de los artículos, para conocer su composición y demás datos que permitan hacer un planteamiento preventivo:

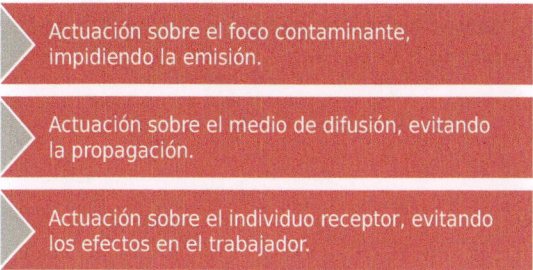

Actuación sobre el foco contaminante, impidiendo la emisión.

Actuación sobre el medio de difusión, evitando la propagación.

Actuación sobre el individuo receptor, evitando los efectos en el trabajador.

5.3. La exposición laboral a agentes biológicos

Los agentes biológicos son microorganismos, cultivos celulares y endoparásitos humanos susceptibles de originar cualquier tipo de infección, alergia o toxicidad. En términos generales, el mayor riesgo de contraer una enfermedad profesional por exposición a contaminantes biológicos se da en aquellos trabajadores dedicados a:

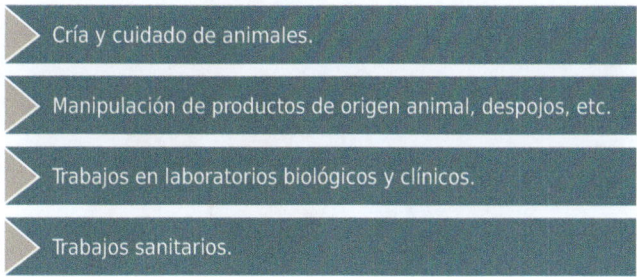

Cría y cuidado de animales.

Manipulación de productos de origen animal, despojos, etc.

Trabajos en laboratorios biológicos y clínicos.

Trabajos sanitarios.

En todos estos casos es fundamental el uso de ropa que ofrezca una protección adecuada, así como guantes y calzado convenientes. Todo ello sin olvidar que tienen que darse unas óptimas condiciones higiénicas en los lugares de trabajo, vestuarios y aseos. Pero, además de actuar sobre el medio y sobre el trabajador, no hay que olvidar la importancia de actuar sobre el mismo foco.

 **SABÍAS QUE...**

Entre los agentes biológicos destacan bacterias, protozoos, virus, hongos y gusanos parásitos.

- -

5.4. El fuego

El fuego es una reacción química de combustión que libera calor, luz y gases como resultado de la combinación de un combustible con un comburente, generalmente oxígeno, en presencia de una fuente de ignición. En el ámbito laboral, el fuego representa un riesgo grave que puede provocar daños a las personas, destruir instalaciones y paralizar la actividad productiva. Comprender su naturaleza, los elementos que lo originan y las formas de controlarlo es fundamental para la prevención y la respuesta ante emergencias.

Se deben dar las tres condiciones para que se desencadene el incendio.

El fuego puede originarse en diferentes áreas de trabajo y a partir de múltiples causas, desde los fallos eléctricos hasta la manipulación inadecuada de las sustancias inflamables. Estos riesgos, además de amenazar la seguridad de los trabajadores, también comprometen la integridad de los bienes y el medioambiente. A continuación, se detallan los principales.

Riesgos por acumulación de materiales combustibles

La presencia de materiales que pueden arder fácilmente, sin una correcta gestión o almacenamiento, aumenta significativamente la probabilidad de un incendio. Los principales riesgos son:

➲ Acumulación de papel, cartón, madera o textiles en las áreas de trabajo.
➲ Presencia de líquidos inflamables sin los envases adecuados.
➲ Residuos combustibles no retirados periódicamente.

Riesgos por instalaciones eléctricas defectuosas

Las deficiencias en el sistema eléctrico son una de las principales causas de los incendios en los entornos laborales, especialmente si se combinan con materiales combustibles cercanos. Estos habitualmente son debidos a:

➲ Sobrecarga de líneas y enchufes múltiples.
➲ Cables deteriorados o con aislamiento defectuoso.
➲ Equipos eléctricos en mal estado o sin mantenimiento.

Riesgos por trabajos con llama o calor

Operaciones como la soldadura, el corte o el uso de los sopletes generan chispas y calor suficiente para iniciar un incendio si no se toman las precauciones adecuadas. Los riesgos más habituales son:

➲ Proyección de chispas sobre materiales inflamables.
➲ Falta de pantallas de protección térmica.
➲ Trabajo en áreas con atmósferas explosivas sin autorización.

Riesgos por reacciones químicas

Algunas sustancias pueden reaccionar entre sí de forma violenta, liberando calor o provocando combustión espontánea., motivo por el que se debe tener especial cuidado con:

➲ La mezcla accidental de productos químicos incompatibles.
➲ El almacenamiento incorrecto de sustancias reactivas.
➲ La falta de control de la temperatura en productos inestables.

 **APLICACIÓN PRÁCTICA**

En una empresa metalúrgica, los operarios trabajan con prensas y taladros que generan ruido por encima de 85 dB(A) y fuertes vibraciones. Tras varias evaluaciones médicas, se detecta que tres trabajadores presentan pérdida auditiva incipiente y dos manifiestan dolores en las muñecas y los codos por exposición continua a vibraciones.

La empresa plantea dos actuaciones:

- Sustituir la maquinaria más ruidosa por equipos silenciosos y con menor vibración.
- Implementar un programa de protección auditiva y rotación de puestos.

¿Qué agentes de riesgo se están controlando con estas medidas?

¿Qué consecuencias tendría no aplicar ninguna mejora preventiva?

Solución

Las medidas propuestas controlan los riesgos asociados al ruido y a las vibraciones, evitando hipoacusias (sorderas profesionales) y trastornos musculoesqueléticos.

Si no se aplican medidas, los trabajadores estarían expuestos a daños irreversibles en la salud, aumento del absentismo, sanciones legales por incumplimiento normativo y deterioro del clima laboral.

- -

6. Riesgos derivados de la carga de trabajo

 **HILO CONDUCTOR**

Alicia quiere evaluar el ambiente de trabajo porque cree que existen niveles de ruido elevados, vibraciones por el uso de herramientas, deficiencias de ventila-

Continúa en página siguiente >>

<< Viene de página anterior

ción y materiales inflamables mal almacenados. Sabe que estos agentes físicos, químicos y biológicos, junto con el riesgo de incendio, pueden comprometer seriamente la salud y la seguridad del equipo de profesionales. Por ello, va a reforzar las medidas preventivas y la formación para garantizar un entorno seguro y controlado.

Además de las enfermedades y los accidentes, la prevención de riesgos laborales también lleva a cabo el análisis de otras patologías que tienen su origen en el trabajo, aunque es cierto que la relación de causalidad es menos clara y específica. En ocasiones, estas patologías son tratadas como enfermedades comunes y es difícil que sean consideradas legalmente como enfermedades profesionales.

La carga de trabajo, es decir, el conjunto de requerimientos psicofísicos a los que se ve sometido el trabajador a lo largo de su jornada laboral, puede dar lugar principalmente a patologías como la fatiga, mientras que otros factores como la monotonía o la poca participación en las tareas pueden generar insatisfacción laboral.

6.1. La fatiga física

La fatiga física es una condición caracterizada por el cansancio extremo del cuerpo tras un esfuerzo prolongado, intenso o repetitivo, que disminuye la fuerza, la resistencia y la capacidad de respuesta muscular. Se manifiesta comúnmente a través de debilidad, lentitud en los movimientos, dolores musculares y falta de energía, lo que puede aumentar el riesgo de accidentes o lesiones si no se atiende adecuadamente. Su prevención y su recuperación requieren de un equilibrio entre actividad y descanso, una correcta alimentación, hidratación y hábitos de vida saludables que favorezcan la recuperación del organismo.

La fatiga es o conlleva directamente la disminución de la capacidad física y mental del trabajador, generalmente después de haber realizado un trabajo durante un tiempo determinado. Física o mental, la fatiga suele ser el reflejo de una carga de trabajo excesiva.

Para evitar la fatiga física pueden tomarse muchas medidas preventivas.

A continuación, se citan algunas de ellas:

● Si al trabajar de pie surgen muestras de cansancio, se descansará de vez en cuando en una silla.
● Al trabajar de pie se utilizará calzado adecuado.
● Si al trabajar de pie durante un tiempo no hay cambios de lugar, se alternará la posición de los pies.
● Al trabajar sentado, hay que mantener la espalda apoyada en el respaldo de la silla, lo más recta posible.
● Al trabajar sentado, hay que colocar la mesa a la altura de los codos.
● Al trabajar sentado, hay que adecuar la altura de la silla al tipo de trabajo.
● Reducir los movimientos repetitivos, sobre todo si requieren un considerable esfuerzo.
● Cambiar de tarea de vez en cuando.
● Diseñar ergonómicamente los puestos de trabajo.
● Evitar una excesiva fuerza manual al tener que realizar los movimientos.
● Evitar esfuerzos prolongados.
● Utilizar herramientas manuales de diseño ergonómico.
● Si hay que utilizar herramientas manuales constantemente, es recomendable usar guantes que se ajusten bien a las manos.

NOTA

Reducir los movimientos repetitivos descansando cada 30 s es esencial para recuperar las tensiones.

6.2. La fatiga mental

La fatiga mental es un estado de agotamiento cognitivo y psicológico que se produce cuando la mente se ve sometida a un esfuerzo prolongado o intenso, reduciendo la capacidad de concentración, de memoria, de toma de decisiones y el rendimiento general. Suele manifestarse en contextos de alta exigencia laboral, académica o personal, y puede ir acompañada de síntomas como irritabilidad, falta de motivación o sensación de saturación. Identificarla y gestionarla de manera adecuada resulta fundamental para preservar el bienestar, la productividad y la salud a largo plazo.

Para evitar la fatiga mental pueden tomarse muchas medidas preventivas. A continuación, se citan algunas de ellas:

- Si una tarea requiere una fijación intensa de la vista, habrá que alternarla con otras tareas.
- Si una tarea requiere una atención considerable, hay que establecer pausas planificadas.
- Al trabajar sentado, el campo de visión de trabajo debe encontrase frente al trabajador. Además, la altura y la distancia de la vista sobre los objetos de trabajo deben ser las adecuadas.
- Si se utiliza pantalla de visualización de datos, el borde superior de esta debe encontrase, más o menos, a la altura de los ojos y a unos 50 cm de distancia; además, la mesa debe encontrase a la altura de los codos, la espalda apoyada en el respaldo de la silla y hacer uso de un reposapiés.
- La empresa debe contar con sistemas informáticos que procesen la información.
- Asegurarse de que las tareas para realizar son compatibles con las capacidades de los trabajadores y los recursos disponibles.
- Proporcionar el tiempo necesario para realizar las tareas de forma satisfactoria.
- Planificar la actividad para evitar prisas y plazos de entrega ajustados.
- Fomentar unos comportamientos adecuados: selección de los hechos relevantes, inducir a la racionalidad, etc.

Trabajador con la pantalla a la altura y la distancia correcta respecto a los ojos, espalda apoyada en el respaldo de la silla, mesa a la altura de los codos y pies sobre un reposapiés.

 **RECUERDA**

Para evitar la fatiga física al trabajar de pie hay que utilizar el calzado adecuado.

6.3. La insatisfacción laboral

La insatisfacción laboral es un fenómeno que aparece cuando el trabajador percibe que sus expectativas, necesidades o valores no se ven satisfechos dentro de su entorno de trabajo. Este estado puede estar originado por múltiples factores, como la falta de reconocimiento, unas condiciones laborales inadecuadas, un exceso de carga de trabajo, ausencia de oportunidades de desarrollo profesional o relaciones interpersonales conflictivas. Sus consecuencias no solo afectan al bienestar emocional y físico del trabajador, sino que también repercuten en la productividad, el clima organizacional y la calidad de los resultados. Por ello, identificar sus causas y aplicar estrategias de mejora en la gestión del talento y en el diseño de las condiciones laborales resulta esencial para fomentar la motivación, el compromiso y la satisfacción en el ámbito profesional.

Ocasionada por diversos factores (monotonía, falta de autonomía, poca participación, bajo contenido de las tareas en relación con la capacidad del trabajador...), la insatisfacción laboral es difícilmente evaluable, pero generalmente repercute negativamente en el rendimiento del trabajador. Ante la aparición de síntomas de insatisfacción, desde la Dirección de la empresa se deben tomar las correctas medidas preventivas. Algunas de ellas son:

> Dotar de un mayor contenido a las tareas.

> Hacer partícipes a los trabajadores en las tareas más relevantes.

> Reconocer el trabajo bien realizado.

> Asegurarse que los trabajadores aprecien la importancia de sus tareas.

Continúa en página siguiente >>

<< Viene de página anterior

Fomentar tareas que permitan a los trabajadores innovar en sus funciones.

Alternar de vez en cuando las tareas entre los trabajadores.

Ofrecer a los trabajadores la oportunidad de participar en decisiones y acciones que afecten a su tarea.

7. La protección de la seguridad y la salud de los trabajadores

 **HILO CONDUCTOR**

Algunas personas creen que el uso de los equipos de protección les resta tiempo al realizar los trabajos, por lo que Alicia les recuerda que la seguridad comienza con la protección colectiva: ventilación adecuada, señalización clara y barandillas en las zonas elevadas. Sin embargo, debe insistir en el uso de equipos de protección individual, como cascos, guantes, ropa ignífuga y protectores oculares, para que, combinando ambas medidas, se garantice que el trabajo se realiza de forma segura y sin poner en riesgo la salud.

La prevención de riesgos laborales tiene como objetivo principal la protección de la seguridad y la salud de los trabajadores a través de la eliminación de los riesgos o, al menos, controlándolos.

Hay que determinar la fuente de daño y seleccionar las medidas de control. Estas medidas normalmente se pueden encuadrar en dos grandes grupos y/o sistemas de control: medidas de protección colectiva y equipos de protección individual; aunque hay clasificaciones que abarcan un poco más, como se muestra a continuación, es decir, los empleados para controlar los riesgos en su origen, los aplicados en el medio de propagación y los aplicados a los trabajadores.

IMPORTANTE

Los sistemas de protección colectiva suelen ser más importantes que los equipos de protección individual, entre otras cosas porque protegen a varios trabajadores a la vez.

- -

7.1. La protección colectiva

Los sistemas de protección colectiva son aquellos medios de seguridad utilizados para proteger a varios trabajadores. Ya sea para evitar el riesgo o controlarlo, los principales sistemas de protección colectiva son los que se presentan a continuación.

Redes de seguridad

Las redes de seguridad son utilizadas en aquellos lugares en los que se pretende evitar o disminuir la caída de las personas y/u objetos a distinto nivel. Destacan las siguientes:

Red de seguridad tipo tenis	Red de seguridad horizontal

- Normalmente se instalan para evitar la caída en edificios en obras, en los bordes de los forjados de plantas diáfanas. Se colocan por la cara interior de los pilares de fachada.	- Normalmente se utilizan en obras para evitar caídas por los huecos horizontales, por ejemplo, por los huecos de los forjados.

Continúa en página siguiente >>

<< Viene de página anterior

Redes de seguridad verticales	Red tipo horca

- Se utilizan para evitar la caída por huecos verticales; por ello, normalmente se instalan en fachadas, tanto exteriores como las que dan a grandes patios interiores.	- Son redes verticales de fachada que sirven para limitar las caídas que se produzcan desde plantas superiores.

Barandillas de seguridad

Las barandillas de seguridad son elementos cuyo objetivo es evitar la caída de personas al vacío cuando se encuentran trabajando o circulando en altura.

Las barandillas de seguridad deben:

➲ Ser sólidas y rígidas, por lo que todos sus componentes deben poseer estas características.

➲ Tener una barra superior a 90 cm como mínimo del suelo, una barra intermedia y un rodapié como mínimo de 15 cm de altura.

 **NOTA**

Según la Nota Técnica de Prevención 669, se recomienda que la altura de la barra superior sea de 1.000 mm ±50 mm, la de la barra intermedia 470 mm mínimo y la del rodapié 150 mm.

Barandilla de seguridad en plataforma sobre andamio tubular

 **NOTA**

La protección de la plataforma de trabajo por medio de barandillas de seguridad no es obligatoria si la altura de la posible caída es inferior a 2 m.

Ventilación

La ventilación es un sistema de protección colectiva basado en la sustitución del aire del interior de un recinto por otro en mejores condiciones (temperatura, humedad, pureza, etc.).

Esquema representativo de ventilación general

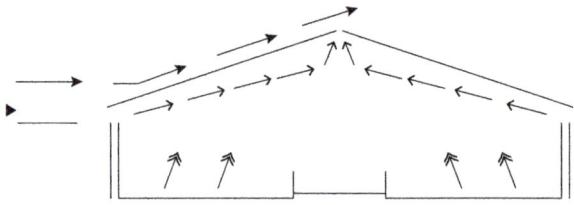

En los establecimientos normalmente nos encontramos con dos tipos de ventilación: natural, basada en aperturas (puertas, ventanas...), y artificial, basada en máquinas y/o equipos que extraen, producen e introducen aire para mantenerlo en buenas condiciones en el local de trabajo.

Ya sea natural y/o artificial, otra clasificación distingue:

| Ventilación general | - Utilizada para reducir la contaminación hasta unos niveles aceptables en todo el espacio de la empresa. |
| Ventilación localizada | - Utilizada para eliminar el agente contaminante en el mismo foco de generación, impidiendo así su dispersión por el local. |

IMPORTANTE

La ventilación general y la ventilación localizada deben estar presentes en los lugares de trabajo, ya se utilicen por separado o a la vez.

Señalización

La señalización de seguridad es un tipo de protección colectiva que siempre debe utilizarse como medida complementaria.

Consiste en el uso de señales visuales y sonoras para informar a los trabajadores y los usuarios sobre determinados riesgos, prohibiciones, obligaciones, etc., en materia de seguridad:

| Señales en forma de panel |
| Señales luminosas |

Continúa en página siguiente >>

<< Viene de página anterior

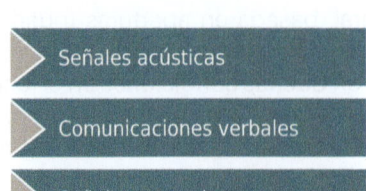

Señales acústicas

Comunicaciones verbales

Señales gestuales

En las empresas, las señales más habituales son las visuales en forma de panel, aunque también es importante que haya señales sonoras, como el caso de una alarma. Entre las señales en forma de panel destacan:

- **Señal de advertencia:** triangular, pictograma negro sobre fondo amarillo.
- **Señal de obligación:** redonda, pictograma blanco sobre fondo azul.
- **Señal de prohibición:** redonda, pictograma negro, fondo blanco, y borde y banda roja.
- **Señal de lucha contra incendios:** cuadrada o rectangular, pictograma blanco sobre fondo rojo.
- **Señal de salvamento o socorro:** cuadrada o rectangular, pictograma blanco sobre fondo verde.

Señales en forma de panel relativas a la lucha contra incendios

Es importante destacar que la señalización debe cumplir una serie de requisitos generales para que sea eficaz:

- Atraer la atención de los trabajadores.
- Ser clara.

- ⊃ Dar a conocer su mensaje con suficiente antelación.
- ⊃ Ofrecer la posibilidad real de cumplimiento.

7.2. La protección individual

El Real Decreto 773/1997 define al *equipo de protección individual* (EPI) como "cualquier equipo destinado a ser llevado o sujetado por el trabajador para que le proteja de uno o varios riesgos que puedan amenazar su seguridad o su salud, así como cualquier complemento o accesorio destinado a tal fin".

Tras la definición, todo trabajador debe saber que:

> Para combatir los riesgos siempre son prioritarios los sistemas de protección colectiva. Con ello se quiere dejar claro que la utilización de EPI es una medida secundaria, y en ocasiones complementaria, respecto a los sistemas de protección colectiva.

> En todo EPI debe aparecer el marcado CE, a través del cual el fabricante declara que el equipo se ajusta a una serie de disposiciones obligatorias relativas a la seguridad.

> Todo EPI debe traer un folleto informativo en español sobre instrucciones de uso, limitaciones, mantenimiento, limpieza, caducidad, etc.

 **RECUERDA**

Para combatir los riesgos siempre son prioritarios los sistemas de protección colectiva.

A continuación, se describen los principales equipos de protección individual (EPI).

Casco de seguridad

El casco de seguridad es aquel equipo de protección individual destinado a la protección de la cabeza ante impactos mecánicos, aunque también puede proteger ante riesgos de naturaleza térmica o eléctrica.

 **NOTA**

Quienes realicen tareas en altura deben hacer uso de cascos que protejan ante riesgos eléctricos por la posible cercanía a líneas eléctricas.

El casco de seguridad es el equipo de protección más usado en el sector de la construcción y el industrial.

Guantes de seguridad

Los guantes de seguridad están destinados a la protección de las manos ante cortes, golpes, quemaduras, contactos eléctricos, productos químicos, objetos que pueden generar una infección biológica (jeringuilla, bisturí...), etc.

Por ello, hay que tener muy claro qué tipo de guantes están específicamente diseñados para los riesgos y las tareas correspondientes. En la elección de los guantes deben evaluarse los riesgos, ya que ello determinará las propiedades relevantes y los niveles de prestación aceptables.

Guantes de seguridad

Protectores respiratorios

Por otra parte, las partículas o sustancias presentes en el aire pueden afectar la salud del trabajador. Por ello, en estos casos es necesaria la utilización de protectores respiratorios, por ejemplo, mascarillas.

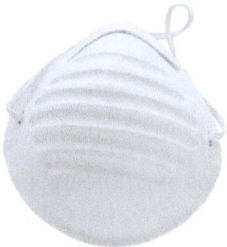

Mascarilla

Calzado para la protección individual

Según la Nota Técnica de Prevención 813, el calzado para la protección individual puede ser:

Calzado de seguridad

Calzado que incorpora elementos para proteger al usuario de riesgos que puedan dar lugar a accidentes. Está equipado con tope de seguridad para proteger la parte delantera del pie (dedos), diseñado para ofrecer protección contra el impacto cuando se ensaya con un nivel de energía de, al menos, 200 J y contra la compresión cuando se ensaya con una carga de, al menos, 15 kN.

Calzado de protección

Calzado que incorpora elementos para proteger al usuario de riesgos que puedan originar accidentes, equipado con tope de seguridad para proteger la parte delantera del pie (dedos), diseñado para ofrecer protección contra el impacto cuando se ensaya con un nivel de energía de, al menos, 100 J y contra la compresión cuando se ensaya con una carga de, al menos, 10 kN.

Calzado de trabajo

Calzado que incorpora elementos para proteger al usuario de riesgos que puedan dar lugar a accidentes. No garantiza protección contra el impacto y la compresión en la parte delantera del pie.

Siguiendo las definiciones anteriores, el nivel de protección es mayor con el calzado de seguridad, luego con el calzado de protección y el que menor grado de protección ofrece es el calzado de trabajo.

Protectores auditivos

Ante la presencia en el ambiente de trabajo de un alto nivel de ruido, los trabajadores deben hacer uso de protectores auditivos.

 **NOTA**

En caso de que en el área de trabajo se sobrepase el valor de exposición a ruido de 87 dB(A), los trabajadores obligatoriamente utilizarán un protector auditivo.

La fabricación y la comercialización de los protectores auditivos (orejeras o tapones) se rige por la normativa propia de los equipos de protección individual, siendo necesaria la certificación de la Unión Europea (CE), que garantiza el cumplimiento de ciertas prestaciones.

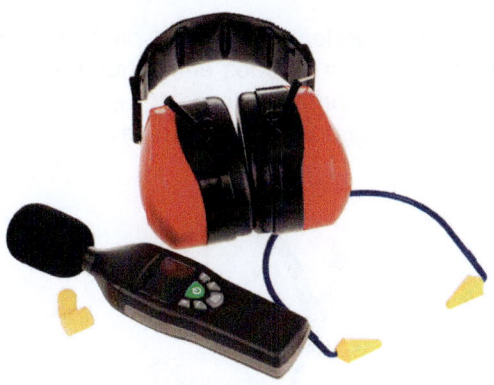

Protectores auditivos y sonómetro

Protectores oculares

Ante la posibilidad de que las tareas puedan dañar los ojos, deben utilizarse protectores oculares.

Su eficacia será la idónea si su resistencia es la adecuada y si su diseño o su montura, o bien unos elementos adicionales adaptables a ella, protegen los ojos en cualquier dirección.

Es recomendable saber que deben utilizarse protectores oculares filtrantes si hay riesgo de exposición a radiaciones ópticas (ultravioleta, infrarrojo o láser).

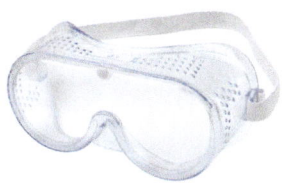

Protector ocular: gafas de seguridad

Protectores dorsolumbares

Aquellos trabajadores que puedan sufrir lesiones dorsolumbares, por ejemplo, los que constantemente manipulan manualmente cargas, deben utilizar protectores.

Los problemas que pueden sufrir en la espalda (en la columna o musculares) y la cintura deben ser evitados, entre otros, con la ayuda de equipos de protección individual, como es el caso de fajas y cinturones. Estos equipos también son muy indicados cuando el trabajador ya sufre patologías.

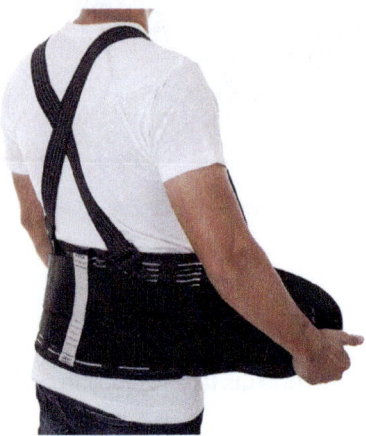

Faja dorsolumbar

Ropa de protección

Si la ropa utilizada por un trabajador evita riesgos, esta ropa es considerada un equipo de protección individual.

La ropa de protección puede estar fabricada para evitar distintos riesgos, por ejemplo, el riesgo por trabajar a bajas temperaturas, riesgo de quemaduras (soldadores...), riesgo al trabajar con productos químicos, etc.

Ropa especial para soldar

8. Resumen

En los trabajos de soldadura y en los entornos industriales, la identificación y la prevención de los riesgos constituye un aspecto esencial para la seguridad y la salud laboral. La utilización y el mantenimiento adecuado de las herramientas y los equipos, junto con el uso de los equipos de protección individual (EPI), son medidas fundamentales para reducir la incidencia de cortes, atrapamientos, descargas eléctricas e incendios. Entre los factores de riesgo más relevantes destacan la manipulación inadecuada, la falta de revisiones periódicas y el desconocimiento de las medidas preventivas.

Los riesgos asociados a la actividad incluyen golpes, proyección de fragmentos, contactos eléctricos, quemaduras por proyecciones incandescentes, exposición a humos metálicos y gases tóxicos, explosiones, y lesiones ergonómicas derivadas del manejo de cargas pesadas y posturas forzadas. También se deben considerar los efectos adversos de la exposición prolongada a las vibraciones, los niveles inadecuados de iluminación y las condiciones térmicas extremas.

Para su prevención, se recomienda la eliminación o el aislamiento de las fuentes de ruido, la adecuación ergonómica de las herramientas y los equipos, su mantenimiento regular, la organización del entorno de trabajo, el uso de ventilación general, la implantación de los sistemas de seguridad para los trabajos en altura y la gestión ordenada de los materiales combustibles. Asimismo, se sugiere la formación continua del personal y la señalización clara y efectiva mediante los distintos tipos de señales, así como la implicación activa de los trabajadores en la mejora de la seguridad.

Estas medidas buscan instaurar una cultura preventiva y fomentar entornos de trabajo más seguros, saludables y eficientes en el sector de la soldadura y afines, reduciendo así la probabilidad de accidentes y mejorando la protección del personal.

Ejercicios de autoevaluación
Unidad de Aprendizaje 2

1. Según la introducción de la unidad, ¿qué se entiende por riesgos generales en el trabajo?

   a. Únicamente los derivados de caídas en altura.
   b. Los que afectan solo a la salud mental de los trabajadores.
   c. Peligros físicos, mecánicos, eléctricos, químicos, biológicos y ergonómicos.
   d. Exclusivamente los riesgos eléctricos y químicos.

2. Entre los riesgos asociados a las máquinas y los equipos se encuentran:

   a. Problemas ocasionados por ruido y vibraciones.
   b. Exposición a radiaciones ultravioleta solares.
   c. Trastornos gastrointestinales.
   d. Desconexión social.

3. En el proceso de soldadura, ¿qué riesgo eléctrico es frecuente?

   a. Exposición a radiaciones ultravioleta.
   b. Conexiones a tierra defectuosas.
   c. Dolor lumbar por posturas forzadas.
   d. Quemaduras por metales fundidos.

4. El riesgo de *flash* ocular en soldadura se debe principalmente a:

   a. La exposición a radiaciones ultravioletas.
   b. Manipulación de piezas metálicas pesadas.
   c. Uso inadecuado de guantes ignífugos.
   d. Inhalación de humos metálicos.

5. En el almacenamiento de cargas, ¿qué riesgo es típico de la manipulación manual?

   a. Lesiones lumbares por levantar pesos excesivos.
   b. Explosiones por acumulación de gases.

c. *Flash* ocular por radiaciones UV.
d. Intoxicación por óxidos de nitrógeno.

6. El ruido superior a 80 dB(A) durante una jornada de 8 horas puede provocar:

a. Dolor lumbar.
b. Lesiones cutáneas.
c. Sorderas profesionales (hipoacusias).
d. Intoxicaciones químicas.

7. ¿Cuál de las siguientes es una vía de entrada de contaminantes químicos al cuerpo?

a. Vía respiratoria.
b. Vía magnética.
c. Vía acústica.
d. Vía lumínica.

8. El fuego en el ámbito laboral se origina por:

a. Combustible + comburente + fuente de ignición.
b. Oxígeno + agua + calor.
c. Radiación solar directa.
d. Electricidad estática sin materiales combustibles.

9. La fatiga física en el trabajo se caracteriza por:

a. Exceso de motivación laboral.
b. Cansancio extremo, disminución de fuerza y lentitud de movimientos.
c. Irritabilidad y falta de concentración.
d. Falta de comunicación entre compañeros.

10. La protección colectiva tiene prioridad sobre la individual porque:

a. Requiere menos inversión económica.
b. Protege a varios trabajadores a la vez.
c. No necesita mantenimiento.
d. Sustituye completamente los EPI.

Actuación en emergencias y evacuación

Contenido

Objetivos

Los objetivos específicos de esta Unidad de Aprendizaje son:

→ Comprender las definiciones básicas de salud, trabajo, accidente laboral, enfermedad profesional y otras patologías derivadas del trabajo.

→ Identificar los riesgos profesionales y los factores de riesgo más frecuentes en el entorno laboral.

→ Interpretar el marco normativo fundamental en materia de prevención de riesgos laborales, con especial atención a la Ley 31/1995 y al Real Decreto 39/1997.

→ Valorar la prevención de riesgos laborales como una inversión estratégica que contribuye a la seguridad, la productividad y la sostenibilidad empresarial.

1. Introducción

La gestión adecuada de las emergencias en el entorno laboral constituye un pilar fundamental de la prevención de riesgos. Una emergencia puede presentarse de forma inesperada, originada por incendios, explosiones, fugas de sustancias peligrosas, accidentes graves o fenómenos naturales. Ante estas situaciones, la rapidez y la eficacia en la respuesta son determinantes para minimizar daños a las personas, al medioambiente y a las instalaciones. Por ello, resulta esencial contar con un plan de actuación previamente definido, conocido y ensayado por todo el personal.

La evacuación debe desarrollarse bajo criterios de seguridad, orden y coordinación. No se trata únicamente de abandonar el lugar de trabajo, sino de hacerlo siguiendo los procedimientos establecidos que garanticen la integridad de los trabajadores y faciliten la intervención de los equipos de emergencia. Una correcta formación en este ámbito contribuye a reducir el pánico, mejorar la toma de decisiones y garantizar una respuesta eficiente en cualquier escenario crítico.

Durante un simulacro de incendio en la empresa, Alicia es responsable de la evacuación del personal del taller de soldadura. Durante este, Alicia ha tratado de que salgan de forma rápida y ordenada, siguiendo el plan establecido. Gracias a la formación previa, los trabajadores han mantenido la calma, han actuado con seguridad y han permitido que los equipos de emergencia intervengan con eficacia.

2. Tipos de accidentes

☞ **HILO CONDUCTOR**

Alicia está repasando con los trabajadores los principales accidentes a los que están expuestos: quemaduras por metal fundido, descargas eléctricas, intoxicaciones por humos, atrapamientos o caídas. Quiere que recuerden que cada accidente tiene sus propias causas y consecuencias, que van desde lesiones leves hasta accidentes mortales, y que gracias a las medidas preventivas específicas del sector y al uso riguroso de los EPI se puede reducir su incidencia.

En el ámbito laboral, los accidentes representan una de las principales preocupaciones en materia de seguridad y salud. Conocer las diferentes tipologías de accidentes permite identificar mejor los riesgos presentes en cada actividad, evaluar sus posibles consecuencias y establecer medidas preventivas específicas. Esta clasificación no solo sirve para describir los hechos ocurridos, sino que también se convierte en una herramienta esencial para anticiparse a ellos y reducir su incidencia.

La diversidad de los entornos de trabajo, los equipos utilizados y las tareas desempeñadas hace que los accidentes puedan tener múltiples causas y formas de manifestarse. Desde caídas y atrapamientos, hasta intoxicaciones, incendios o contactos eléctricos, cada tipo de accidente exige un enfoque particular en su análisis y prevención. De ahí la importancia de estudiar sus categorías principales, con el fin de implementar programas de seguridad adaptados a las condiciones reales de cada sector.

Los trabajos de soldadura presentan una elevada variedad de riesgos que pueden derivar en accidentes laborales. El uso de calor extremo, electricidad, gases comprimidos y equipos pesados hace que esta actividad requiera medidas preventivas muy estrictas. A continuación, se describen los principales tipos de accidentes asociados a esta labor.

Accidentes por el agente causante

En los trabajos de soldadura, los agentes materiales desempeñan un papel clave en la generación de riesgos. Los más habituales y sobre los que se deben establecer controles más específicos son:

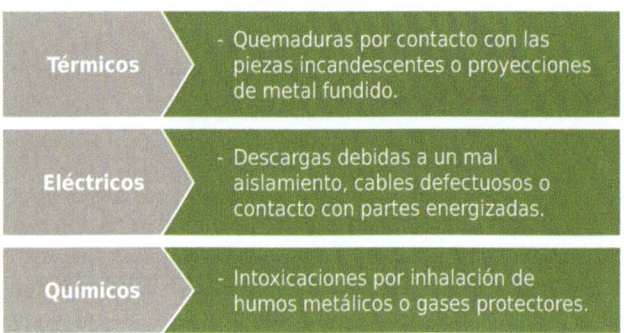

Térmicos	- Quemaduras por contacto con las piezas incandescentes o proyecciones de metal fundido.
Eléctricos	- Descargas debidas a un mal aislamiento, cables defectuosos o contacto con partes energizadas.
Químicos	- Intoxicaciones por inhalación de humos metálicos o gases protectores.

Continúa en página siguiente >>

<< Viene de página anterior

| **Mecánicos** | - Golpes o cortes al manipular herramientas, cilindros o estructuras metálicas. |
| **Radiaciones** | - Lesiones oculares y dérmicas debidas a la radiación ultravioleta o infrarroja emitida durante el arco eléctrico. |

Accidentes según la forma de producirse

En los trabajos de soldadura, el análisis de la motivación de los accidentes cobra especial relevancia, ya que puede deberse a las proyecciones de partículas incandescentes, caídas, electrocuciones o intoxicaciones por los humos metálicos. Comprender cómo ocurren estos sucesos es fundamental para establecer procedimientos específicos de seguridad, reforzar el uso de equipos de protección individual y organizar una respuesta inmediata ante emergencias. Entre los accidentes más habituales se encuentran:

- **Caídas al mismo nivel:** resbalones por superficies con restos de metal, escoria o cables.
- **Caídas a distinto nivel:** en trabajos de soldadura en altura, plataformas o andamios.
- **Proyecciones:** impacto de partículas incandescentes o fragmentos metálicos en la piel y los ojos.
- **Atrapamientos:** entre piezas metálicas o durante la manipulación de estructuras.
- **Incendios y explosiones:** por contacto de chispas con materiales inflamables o fugas de gases.
- **Sobreesfuerzos:** al mover equipos pesados o manipular bombonas de gas comprimido.

 SABÍAS QUE...

Conocer el agente causante no solo ayuda a prevenir accidentes, sino que también permite diseñar medidas de protección específicas para cada riesgo.

Accidentes en función de las consecuencias

Los accidentes en los trabajos de soldadura pueden clasificarse atendiendo a la gravedad de sus consecuencias. Esta clasificación permite dimensionar el riesgo y aplicar medidas preventivas más eficaces. Atendiendo a las consecuencias del accidente, estos se pueden clasificar como:

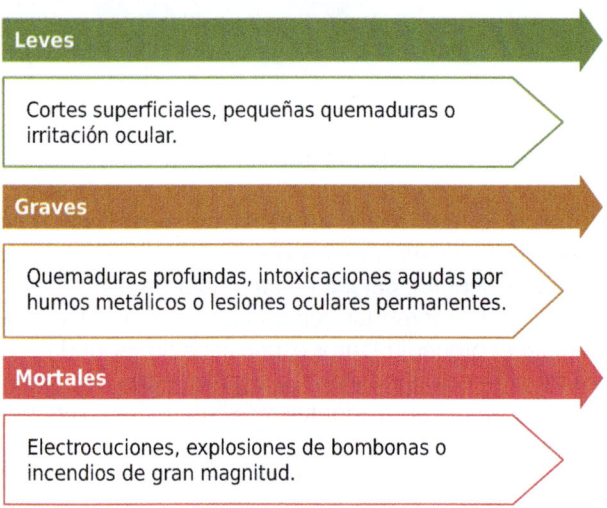

Leves

Cortes superficiales, pequeñas quemaduras o irritación ocular.

Graves

Quemaduras profundas, intoxicaciones agudas por humos metálicos o lesiones oculares permanentes.

Mortales

Electrocuciones, explosiones de bombonas o incendios de gran magnitud.

 SABÍAS QUE...

Conocer los distintos tipos de accidentes permite anticiparse a ellos y aplicar medidas de seguridad efectivas. Esta clasificación es esencial para diseñar los programas de prevención adaptados a los riesgos específicos de la actividad.

 **APLICACIÓN PRÁCTICA**

Alicia tiene que establecer un protocolo de actuación antes ciertos riesgos para establecer las medidas de preventivas. Por ello, necesita

Continúa en página siguiente >>

<< Viene de página anterior

establecer la causa principal, la consecuencia más probable y una medida preventiva específica para los siguientes accidentes que pueden ocurrir durante los trabajos de soldadura:

- **Quemadura por contacto con metal fundido.**
- **Caída desde un andamio o una superficie elevada.**
- **Intoxicación por humos metálicos.**
- **Electrocución por contacto con equipos defectuosos.**

SOLUCIÓN (Posible solución)

Quemadura por contacto con metal fundido:

- **Causa principal:** proyección de partículas incandescentes durante el proceso de soldadura.
- **Consecuencia más probable:** lesiones en la piel (quemaduras de primer o segundo grado).
- **Medida preventiva:** uso de guantes ignífugos, ropa de protección y pantalla facial de soldador.

Caída desde un andamio o una superficie elevada:

- **Causa principal:** trabajo en altura sin barandillas, sin arnés de seguridad o con superficies resbaladizas.
- **Consecuencia más probable:** fracturas graves, esguinces o traumatismos craneales.
- **Medida preventiva:** colocación de barandillas, uso de arnés con línea de vida y supervisión del estado de las plataformas.

Intoxicación por humos metálicos:

- **Causa principal:** soldadura en espacios mal ventilados sin sistemas de extracción.
- **Consecuencia más probable:** dificultad respiratoria, mareos o daño pulmonar a largo plazo.
- **Medida preventiva:** uso de mascarillas con filtros adecuados y sistemas de extracción localizada de humos.

Continúa en página siguiente >>

<< Viene de página anterior

Electrocución por contacto con equipos defectuosos:

- **Causa principal:** cables pelados o equipos de soldadura mal aislados.
- **Consecuencia más probable:** descargas eléctricas con riesgo de paro cardiorrespiratorio.
- **Medida preventiva:** revisión periódica de los equipos, uso de guantes aislantes y conexión a tierra de la maquinaria.

---

3. Evacuación primaria del accidentado

 HILO CONDUCTOR

Siguiendo con la formación planificada por Alicia, ahora es momento de enseñarle al equipo de trabajo cómo deben comportarse ante un accidente. Les indica que la evacuación primaria debe hacerse con rapidez, pero también con cuidado, evaluando los signos vitales y aplicando las técnicas básicas de movilización. Su objetivo es que todos los trabajadores sepan reaccionar ante la aparición de quemaduras, intoxicaciones o traumatismos sin agravar las lesiones y garantizando la seguridad del herido y de quienes lo auxilian.

La evacuación primaria del accidentado constituye la primera acción organizada para trasladar a una persona herida desde el lugar del accidente hasta una zona segura donde pueda recibir atención inmediata. Este procedimiento debe realizarse con rapidez, pero también con cuidado, evitando movimientos innecesarios que agraven las lesiones. En los trabajos de soldadura, donde pueden presentarse quemaduras, intoxicaciones o traumatismos, la evacuación primaria requiere coordinación, conocimiento de técnicas básicas de movilización y la utilización adecuada de los medios de emergencia disponibles, garantizando siempre la seguridad tanto del accidentado como de quienes participan en la maniobra.

Se debe efectuar una evaluación primaria que consistirá en determinar aquellas situaciones en las que exista la posibilidad de pérdida de la vida de forma inmediata:

1. **Introducción.** Se trata de la identificación de los signos vitales del accidentado: conciencia, respiración y pulso.
2. **Estado de consciencia.** Se preguntará al accidentado por lo sucedido:

   a. Si **contesta,** se descartará la existencia de paro respiratorio.
   b. Si **no responde,** se le agitará levemente para que emita sonidos (sollozos, gemidos, etc.) o para que empiece a mover diferentes partes de su cuerpo.
   c. Si a pesar de todo el accidentado **sigue sin responder,** significa que el herido se encuentra en estado de inconsciencia. En este caso, se comprobará si el herido **respira o no,** siempre sin tocar al enfermo por si este tuviera alguna lesión traumática que pudiéramos empeorar.

3. **Respiración.** Acercaremos la mejilla a la boca-nariz del accidentado. Mirando hacia el pecho para ver el movimiento torácico, se escuchará la salida del aire:

   a. **Si el enfermo respira, quiere decir que el corazón funciona correctamente.** Se colocará al enfermo en la conocida como **posición lateral de seguridad.** Consiste en situar al herido de lado, apoyado sobre una pierna y con la otra echada hacia delante para actuar como equilibrador, procurando que la cabeza quede de forma que permita la respiración del accidentado.
   b. **Si el enfermo no respira,** rápidamente se colocará en **posición de decúbito supino** y, tras comprobar la inexistencia de cuerpos extraños en su boca, se abrirán las vías aéreas mediante la hiperextensión del cuello, **evitando que la lengua obstruya la vía de entrada del aire.**
   c. **Si el enfermo sigue sin respirar, se realizará la respiración boca a boca.**

4. **Pulso.** Tras comprobar el paro respiratorio, antes de iniciar el boca a boca, se comprobará el funcionamiento cardíaco mediante la toma del pulso **carotídeo (cuello).** Si se comprueba la existencia de pulso, se seguirá practicando la respiración artificial (boca-boca sin compresiones torácicas), pero si el pulso desaparece, se procederá al **masaje cardíaco externo,** acompañado de la respiración **boca-boca.**

En este caso, la persona encargada deberá tener unos conocimientos básicos de anatomía y fisiología.

Conocimientos anatómicos básicos

¿De qué consta el cuerpo humano? Las partes del cuerpo humano son:

Cabeza	- Es la parte anterior del cuerpo que contiene la boca, el cerebro y varios órganos sensoriales (generalmente órganos de visión, audición, olfato y gusto).
Cuello	- Es la porción móvil que une la cabeza con el tronco.
Tronco	- Es una especie de cavidad ovoidea, dividida a su vez en dos cavidades más pequeñas (superior e inferior) por un músculo que recibe el nombre de diafragma. La cavidad inferior o abdomen contiene numerosas vísceras, entre las que destacan hígado, estómago, páncreas, bazo, intestino, riñones y vejiga.
Extremidades	- Los grupos de extremidades (superior e inferior) tienen una cierta analogía o semejanza desde el punto de vista anatómico. Las extremidades superiores se pueden dividir en cuatro segmentos: el hombro, el brazo, el antebrazo y la mano. Las extremidades inferiores se componen también de cuatro segmentos: la cintura pélvica, el muslo, la pierna y el pie.

**Identificación de los elementos que integran
la anatomía humana**

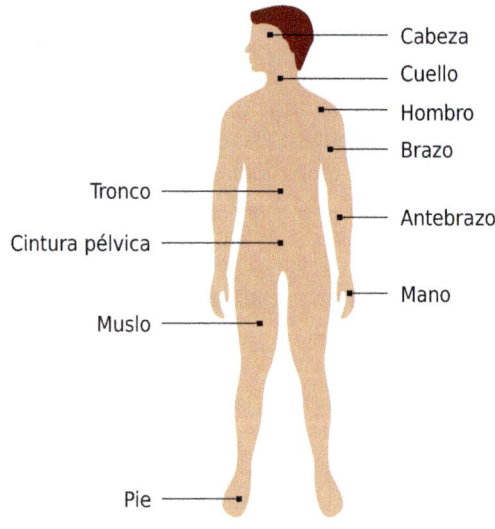

[94]

Conocimientos fisiológicos básicos

Cada uno de los órganos del cuerpo humano desempeña una función: el corazón es el órgano de la circulación, el estómago el de la digestión, etc.

Además del trabajo concreto que realiza cada uno de los órganos, adquiere verdadera importancia el trabajo conjunto. Así, un grupo de órganos que en conjunto ejecutan una misma función constituyen lo que se llama un aparato.

Los principales aparatos del cuerpo humano son:

- **Aparato locomotor:** en general, permite interactuar con el medio que lo rodea, mediante el movimiento o locomoción. Consta de dos partes principales: el armazón o esqueleto y los músculos.
- **Aparato digestivo:** conjunto de órganos encargados del proceso de digestión. Principalmente, consta de dos partes: el tubo digestivo y las glándulas digestivas, que producen los jugos necesarios para la transformación de los alimentos.
- **Aparato urinario:** su finalidad es desechar los productos nitrogenados del cuerpo por medio de la orina. El aparato urinario está constituido por dos partes principales: las glándulas secretoras o riñones, que, en número de dos, extraen la orina de la sangre, y el aparato excretor, que expulsa al exterior dicha orina.
- **Sistema nervioso:** su función principal es captar y procesar las señales, ejerciendo control y coordinando el resto de los órganos para lograr una eficaz interacción con el medioambiente.
  Las neuronas son las células especializadas del sistema nervioso. Se encargan de coordinar las distintas acciones.
- **Aparato circulatorio:** como su propio nombre indica, es el encargado del proceso de circulación de la sangre. Mantiene la corriente circulatoria y distribuye la sangre por todo el organismo.
  Además de la sangre, el aparato circulatorio está formado por el corazón y los vasos sanguíneos, es decir, venas, arterias y capilares.
  El corazón se contrae para impulsar la sangre hacia los grandes vasos. La sangre que sale del corazón es conducida por las arterias a los diferentes órganos. Por las venas la sangre vuelve al corazón. El sistema de canalizaciones se completa con los capilares, vasos en los que se realiza el intercambio entre la sangre y las células.
- **Aparato respiratorio:** mediante este aparato se lleva a cabo el intercambio gaseoso entre el ser vivo y el mundo exterior.
  En humanos y otros mamíferos, el sistema respiratorio consiste en vías aéreas, pulmones y músculos respiratorios.

4. Primeros auxilios

☞ HILO CONDUCTOR

Alicia ha pensado que es momento de realizar una formación práctica, por lo que van a trabajar sobre los primeros auxilios como aspectos vitales para preservar la vida una vez que se ha sufrido un accidente. Hará hincapié en la importancia que tiene el mantener la calma, evitar mover al herido sin necesidad, actuar con rapidez si existen hemorragias o falta de respiración y pedir ayuda especializada de inmediato. Alicia cree que estos principios básicos marcan la diferencia entre una recuperación favorable o una consecuencia grave.

- -

Los primeros auxilios son el conjunto de actuaciones inmediatas que se aplican a una persona accidentada hasta la llegada de personal sanitario especializado. Su finalidad es preservar la vida, evitar el agravamiento de las lesiones y favorecer una recuperación más rápida. En actividades de riesgo como la soldadura, donde pueden producirse quemaduras, intoxicaciones, electrocuciones o traumatismos, disponer de conocimientos básicos en primeros auxilios y aplicar protocolos adecuados resulta fundamental para reducir la gravedad de las consecuencias y aumentar las posibilidades de éxito en la atención médica posterior.

4.1. Principios o consideraciones generales que tener en cuenta ante los accidentes

A continuación, vamos a ver una serie de principios o consideraciones generales que hay que tener en cuenta cuando se produzcan accidentes:

- **Actuar con tranquilidad:** no hay que perder los nervios para actuar de forma correcta y evitar errores irremediables. Además, de esta manera, se tranquilizará al herido, hecho que se potencia al hablar con él, aunque no responda.
- **Evitar aglomeraciones:** hay que impedir que el accidente se transforme en espectáculo. Además, la histeria colectiva puede entorpecer la actuación de los profesionales.
  La histeria colectiva también se conoce como histeria en masa, histeria de grupo, psicosis colectiva o comportamiento obsesivo colectivo.

◒ **Saber imponerse:** el personal preparado tiene que asumir la responsabilidad de la situación, dirigir la organización de recursos y la posterior evacuación del herido.

◒ **No desplazar ni mover al accidentado:** como norma básica y elemental, no debe moverse a nadie que haya sufrido un accidente hasta estar seguros de que se pueden realizar movimientos que no entrañen riesgos de empeorar las lesiones ya existentes.

No obstante, existen situaciones en las que la movilización debe ser inmediata, sobre todo cuando las condiciones ambientales lo exijan o cuando sea necesaria la reanimación cardiopulmonar.

◒ **Hacer una composición del lugar:** al llegar al lugar del siniestro, no se debe comenzar curando al primer herido que veamos, ya que puede haber otros en estado más grave y que, por tanto, necesiten ser atendidos en primer lugar. Por ello, se realizará un rápido examen del lugar, teniendo en cuenta que puede haber heridos ocultos (debajo de escombros), posibles fuentes de peligro (amenaza de derrumbamiento, ruptura de canalizaciones de gas o de agua, fuego...), etc.

◒ **Dejar al herido acostado sobre la espalda:** es un medio de combatir el estado de *shock*. No obstante, si un herido tiene la cara congestionada, hay que alzarle un poco la cabeza, inclinándola hacia un lado si vomita.

DEFINICIÓN

Shock

Es una afección potencialmente mortal que se presenta cuando el cuerpo no está recibiendo un flujo de sangre suficiente, lo cual puede causar daño en múltiples órganos.

Además, es necesario:

◒ **Manejar al herido con gran precaución:** jamás se cambiará de sitio al accidentado antes de cerciorarse de su estado y haber realizado los primeros auxilios.

◒ **Examinar bien al herido:** investigar si sangra, si respira, si tiene una fractura, si presenta quemaduras, si ha perdido el conocimiento, etc. Hay que asegurarse de no haber dejado escapar nada. Se tendrá en cuenta que:

   ◔ La hemorragia y el cese de la respiración deben ser tratados antes de llevar a cabo cualquier otra cosa.

◐ Cualquier víctima sin conocimiento habrá sufrido algún fuerte golpe en la cabeza.

⮑ **No hacer más que lo indispensable:** hay que limitarse a proporcionar aquellas medidas estrictamente necesarias para el transporte del herido. Por ello, no se intentará suplir al médico: nada de curas complicadas.

⮑ **Mantener al herido caliente:** cuando el cuerpo humano recibe una lesión, se produce la pérdida de calor corporal, acentuándose cuando se da pérdida de sangre. Por ello, todo el cuerpo debe ser calentado envolviendo al accidentado con una manta. No obstante, tampoco es bueno un calor excesivo.

⮑ **Jamás hay que intentar que beba un herido sin conocimiento:** en este estado no podrá tragar y existe el peligro de ahogarlo cuando el líquido penetre en la tráquea. Si la víctima conserva el conocimiento y no presenta una herida profunda en el vientre, se le puede dar bebida, pero siempre lentamente, a pequeños sorbos.

⮑ **No medicar:** esta facultad es exclusiva del médico.

⮑ **Tranquilizar al enfermo:** calmar sus temores y levantarle el ánimo, no dejándolo ver sus heridas.

⮑ **Evacuar al herido acostado, lo más rápido posible, hacia el puesto de socorro u hospital:** no obstante, a veces es preferible avisar al médico antes de efectuar su transporte.

⮑ **Avisar al personal sanitario lo más rápido posible.**

⮑ **Traslado adecuado:** según las lesiones que presente el accidentado, la posición de espera y el traslado variarán.

IMPORTANTE

Hay que acabar con la práctica habitual de la evacuación en coche particular, ya que, si la lesión es vital, no se puede trasladar y se debe atender *in situ*. Si la lesión no es vital, se puede esperar a la llegada de un vehículo debidamente acondicionado (ambulancia).

- -

ACTIVIDAD COMPLEMENTARIA

9. ¿Qué errores frecuentes deben evitarse al atender a un herido en estado de *shock* durante la aplicación de primeros auxilios?

- -

5. Socorrismo

☞ HILO CONDUCTOR

En el Departamento de Soldadura, Alicia ha decidido que es una buena idea que los trabajadores tengan formación en socorrismo laboral, puesto que muchas veces desarrollan su trabajo fuera de las instalaciones de la empresa. Quiere que conozcan los riesgos específicos del trabajo y que actualicen la forma de proceder frente a la aparición de un accidente para que sean capaces de atender las urgencias básicas, las hemorragias o las paradas cardiorrespiratorias garantizando una respuesta inmediata y eficaz ante cualquier accidente.

- -

El **socorrismo laboral** son los cuidados y las atenciones inmediatas que se les proporcionan a las personas que han sufrido un accidente en el ámbito laboral, al objeto de prestarles primeros auxilios, aliviarles el dolor y evitar que empeore su estado de salud.

El **socorrista laboral**, trabajador voluntario, poseerá formación en prevención de riesgos laborales, por lo que conocerá exhaustivamente los riesgos específicos de su empresa y deberá recibir periódicamente cursos de reciclaje.

La formación se dividirá en tres niveles:

Nivel básico o mínimo

Será una formación que capacite al socorrista para atender urgencias, como pérdida de conocimiento, hemorragias, obstrucciones de vías respiratorias, paradas cardiorrespiratorias, etc.

Nivel intermedio o complementario

Con esta formación podrá atender situaciones consideradas como urgencias médicas hasta la llegada de los servicios médicos oportunos. Estas situaciones serán quemaduras leves, fracturas, esguinces, heridas leves, luxaciones, etc.

Continúa en página siguiente >>

<< Viene de página anterior

Nivel superior o específico

En este nivel se deberá contar con una formación muy específica en cuanto a los riesgos particulares de la empresa, de forma que la persona formada en este nivel sea capaz, por ejemplo, de actuar ante situaciones de contaminación ambiental grave, quemaduras por productos químicos, intoxicaciones graves, etc.

6. Situaciones de emergencia

☞ HILO CONDUCTOR

Hoy les ha tocado una sesión de formación a los soldadores de la empresa de Alicia para que sepan hacer frente a las emergencias más probables en su trabajo, como son los incendios, las explosiones, las descargas eléctricas y la exposición a los humos tóxicos. Alicia les recuerda que una respuesta rápida y coordinada, atendiendo a los planes de emergencia, es la clave para proteger la vida de las personas y reducir los daños en las instalaciones.

Las situaciones de emergencia en el ámbito laboral se caracterizan por ser sucesos imprevistos que representan un riesgo inmediato para la salud de los trabajadores y la seguridad de las instalaciones. Suelen desarrollarse de manera rápida, lo que exige respuestas inmediatas y coordinadas. Una preparación adecuada, acompañada de planes de emergencia claros, es clave para minimizar daños y garantizar la protección de las personas.

En el caso de los trabajos de soldadura, el uso de calor, electricidad, gases comprimidos y materiales inflamables aumenta la probabilidad de que se generen emergencias graves. Por este motivo, resulta imprescindible conocer los tipos de emergencias más frecuentes, los factores que las agravan y los protocolos adecuados de actuación.

6.1. Tipos de situaciones de emergencia más frecuentes

La identificación de los distintos tipos de emergencias permite comprender mejor su origen y diseñar medidas de prevención específicas. Cada una presenta características particulares que requieren un plan de actuación diferenciado. Entre las más habituales destacan:

Incendios
- Producidos por chispas, proyecciones de metal incandescente o contacto con materiales inflamables cercanos.

Explosiones
- Originadas por fugas de gases comprimidos o trabajos en recipientes cerrados sin previa desgasificación.

Accidentes eléctricos
- Descargas por equipos defectuosos, humedad o fallos de aislamiento.

Exposición a humos y gases tóxicos
- Riesgo frecuente en espacios confinados sin ventilación adecuada.

Colapso estructural o caídas en altura
- Asociadas a soldadura en plataformas, andamios o estructuras metálicas.

IMPORTANTE

En los trabajos de soldadura, la formación debe reforzar la actuación frente a incendios y explosiones, la evacuación en espacios confinados y la atención a quemaduras o lesiones graves.

7. Planes de emergencia y evacuación

☞ HILO CONDUCTOR

Alicia está preparando la visita la semana que viene del auditor, motivo por el que está revisando con su equipo el plan de emergencia y evacuación, para comprobar que recoge los últimos cambios que ha sufrido la empresa en cuanto a instalaciones y ubicaciones de personal y maquinaria. Aprovecha esta revisión para revisar las rutas de evacuación, las señales de alarma y los protocolos básicos de primeros auxilios para que, ante un incendio, una explosión o un accidente grave, la respuesta sea rápida, coordinada y eficaz para proteger las vidas de los trabajadores y minimizar los daños.

Según el artículo 20 de la Ley 31/1995 de Prevención de Riesgos Laborales, el empresario está obligado a analizar las posibles situaciones de emergencia para tomar las medidas necesarias en materia de primeros auxilios, lucha contra incendios y evacuación de los trabajadores. Por ello, consecuentemente, toda empresa dispondrá de documentos donde se plasme la correcta forma de actuar.

7.1. Plan de emergencia

Se trata del documento donde se plasma el conjunto de medidas destinadas a hacer frente a situaciones de riesgo que pueden llegar a materializarse, minimizando los posibles efectos y consecuencias personales y materiales.

 SABÍAS QUE...

En el caso de que el plan de emergencia plasme las normas y los medios de evacuación se considerará que es un plan de emergencia y evacuación.

Objetivo del plan de emergencia

Aunque el plan de emergencia no persigue un solo objetivo, generalizando se puede decir que busca la consecución de un sistema de actuación e intervención ante la posible aparición de una emergencia.

Como objetivos particulares o específicos, se pueden citar los siguientes:

- Identificar las distintas amenazas o situaciones de emergencia.
- Evaluar el nivel de riesgo.
- Afrontar cualquier emergencia surgida en el menor tiempo posible.
- Establecer medios que protejan al personal y las instalaciones ante la situación de emergencia, eliminando o minimizando las lesiones, los daños o las pérdidas.
- Determinar la estructura jerárquica de actuación durante la emergencia.
- Establecer las relaciones de colaboración con servicios externos, especificando qué instituciones y personas deben ser avisadas.
- Definir las señales de alarma según las características y/o la gravedad de las posibles situaciones.
- Analizar la vulnerabilidad de las instalaciones ante las posibles emergencias.
- Confeccionar métodos operativos que permitan la atención eficaz de las emergencias.
- Establecer simulacros periódicos ante las posibles emergencias.

IMPORTANTE

Al determinar la estructura jerárquica de actuación hay que concretar quién es el máximo responsable.

7.2. Plan de evacuación

Un plan de evacuación es un proyecto, plasmado por escrito, donde se muestra la forma de desalojar, total o parcialmente, un centro de trabajo de forma ordenada o controlada cuando la situación de la emergencia así lo aconseje.

Objeto del plan de evacuación

La **función u objeto** de un plan de evacuación es **desalojar un local de la mejor manera,** es decir, actuando con la celeridad adecuada, sin improvisación, etc., y así minimizar las posibles consecuencias.

Para conseguirlo es primordial:

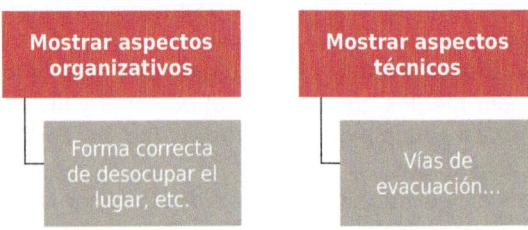

Dentro de este punto no podemos obviar si el objetivo del plan de evacuación es **desalojar el local parcial o totalmente:**

- **Evacuación parcial:** cada trabajador se dirigirá, sin correr y en grupo, hacia los puntos de reunión establecidos, siempre por las vías de evacuación señalizadas. Cuando se llegue al destino final, cada uno se identificará ante los responsables para que puedan contabilizar a los evacuados.
- **Evacuación total:** cada trabajador se dirigirá, sin correr, en grupo y por las vías señalizadas, hacia el punto de reunión en el exterior del recinto.

Al igual que anteriormente, cuando se llegue al destino final, cada trabajador debe identificarse para que el recuento de personas sea fácil.

Organización, recursos y procedimientos

La importancia de que un local posea un plan de evacuación es enorme, pero, si este no es efectivo, de nada sirve. Por ello, el plan de evacuación recogerá documentos relativos a la organización, los recursos utilizados y los procedimientos que llevar a cabo.

La **organización** se lleva a cabo a través de una brigada de emergencia. Dentro de esta brigada, los encargados de actuar en caso de evacuación son los trabajadores que forman el equipo de alarma y evacuación (EAE).

Por regla general, debe haber un componente del equipo de alarma y evacuación en los accesos a puertas, escaleras, ascensores..., es decir, en zonas a las cuales no se debe acceder en caso de emergencia.

Plano en el que se marcan las rutas de evacuación en caso de emergencia

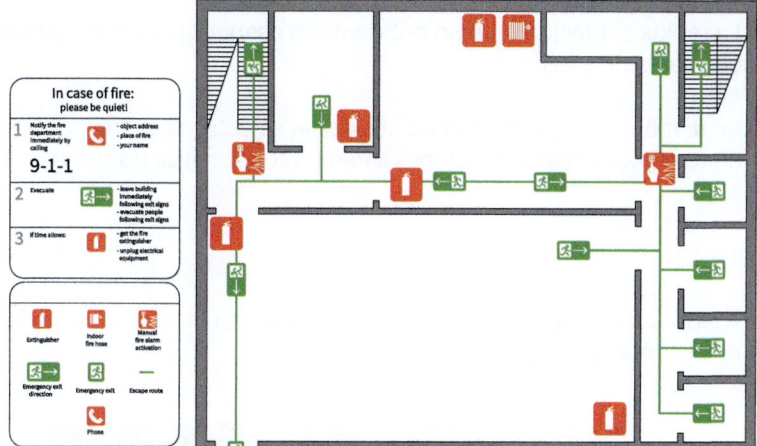

Por su parte, los **recursos** son aquellos materiales y medios con los que cuenta la empresa para evacuar correctamente. Los principales recursos son la señalización del lugar, los planos y las alarmas. Todos ellos deben aparecer en los centros de trabajo en los que, por sus características y los riesgos existentes, sea necesario un plan de evacuación.

Por último, hay que hablar de los **procedimientos,** ya que, ante la posibilidad de evacuar un local de trabajo, se requerirán adecuados procedimientos de actuación. Estos procedimientos, llevados a cabo por el equipo de alarma y evacuación (EAE), deben ser:

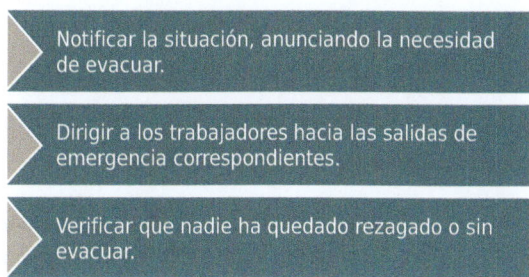

Notificar la situación, anunciando la necesidad de evacuar.

Dirigir a los trabajadores hacia las salidas de emergencia correspondientes.

Verificar que nadie ha quedado rezagado o sin evacuar.

7.3. Activación del sistema de emergencia

La rápida actuación ante un accidente es esencial para que las consecuencias sean mínimas.

En el momento que ocurra un accidente se activará el llamado sistema de emergencia, cuyas actuaciones serán proteger, avisar y socorrer (PAS).

Proteger

Asegurarse de que tanto el accidentado como la persona que lo socorre están fuera de peligro.

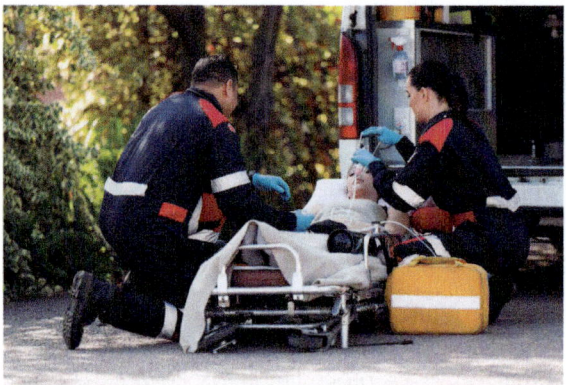

Siempre se debe proteger al accidentado.

 **EJEMPLO**

Ejemplos de cómo proteger a la víctima:

- En caso de electrocución: hay que aislarse con el mayor cuidado posible. Para ello, hay que cortar la corriente eléctrica siempre que el interruptor esté cerca y, a continuación, coger un palo o un objeto de madera para apartar a la víctima de dicha corriente. Los pies se colocarán sobre firme u objeto seco y se envolverán las manos con trapos o periódicos secos.
- En un ambiente tóxico: no se atenderá al intoxicado sin antes proteger nuestras vías respiratorias (uso de máscaras con filtros). De lo contrario, también nos accidentaríamos nosotros.

Avisar

Hay que avisar lo más rápido posible a los servicios sanitarios, activándose así el sistema de emergencia. Mientras tanto, se socorrerá a los accidentados siguiendo los consejos generales.

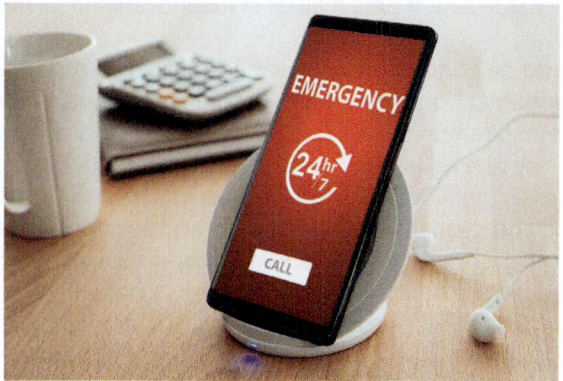

Ante un accidente siempre se ha de avisar a los servicios sanitarios.

Hay que planificar:

- Quién tiene que avisar.
- Qué mensaje y de qué manera tiene que darse.
- A quién debe darse el mensaje.

Una buena planificación de este sistema de alerta evitará complicaciones al accidentado, ya que se complicaría mucho el caso si se diese un mensaje equivocado y no se avisase a los servicios adecuados. Es importante que todos los trabajadores sepan los teléfonos referidos a:

- Ambulancia.
- Hospital de referencia.
- Mutua.
- Bomberos.
- Información toxicológica.
- Policía.
- Emergencias médicas.

Socorrer

Cuando se haya protegido al personal accidentado y avisado al organismo adecuado (servicios médicos, bomberos, etc.), hay que actuar sobre el herido, reconociendo sus signos vitales.

Los pasos que seguir para realizar el reconocimiento al herido son:

1. **Estado de conciencia:** para saber si un accidentado está consciente se le preguntará qué ha pasado. Si contesta, se descartará la existencia de paro respiratorio. Pero el problema se agrava si no contesta, caso en el que hay que agitar muy levemente al accidentado para observar sus reacciones (gemidos, apertura de ojos, movimientos de cabeza, etc.). Si no reacciona, probablemente sea porque el accidentado esté inconsciente. En este caso, sin tocarlo, debemos comprobar su respiración.

2. **Respiración:** acercaremos la mejilla a la boca-nariz del accidentado y, mirando hacia el pecho para ver el movimiento torácico o abdominal, se escuchará la salida del aire, además de percibir el calor del aire exhalado.

    a. Si el **enfermo respira,** dejaremos de explorar otros signos vitales, ya que la respiración asegura que el corazón funciona correctamente. Se colocará al enfermo, siempre que no haya traumatismos que impidan la movilidad, en una posición que evite graves consecuencias si se produjese un vómito. Esta posición se denomina **posición lateral de seguridad** y consiste en situar al herido de lado, apoyado sobre una pierna y con la otra echada hacia delante para actuar como equilibrador. Hay que procurar que la cabeza quede de forma que permita la respiración del accidentado.

    b. Si el **enfermo no respira,** con la mayor brevedad posible, se colocará al enfermo en posición de decúbito supino (estirado mirando hacia arriba) y, después de explorar su boca para comprobar la existencia de cuerpos extraños (dientes desprendidos u otros objetos), se abrirán las vías aéreas mediante la hiperextensión del cuello, evitando que la lengua obstruya la vía de entrada del aire.
    Con esta maniobra a veces el enfermo vuelve a respirar. Si no es el caso, se realizará la respiración boca-boca.

3. **Pulso:** cuando el paro respiratorio está instaurado y ya hemos procedido a iniciar el boca-boca, es necesario comprobar el funcionamiento cardíaco mediante la toma del pulso carotídeo (cuello), por ser este el último que se pierde ante una parada cardíaca y, por el contrario, el primero que se nota al activarse de nuevo el ritmo cardíaco. Si se comprueba la existencia de pulso, se seguirá practicando la respiración artificial (boca-boca sin compresiones torácicas), pero si el pulso desaparece,

se procederá al masaje cardíaco externo, acompañado de la respiración boca-boca.

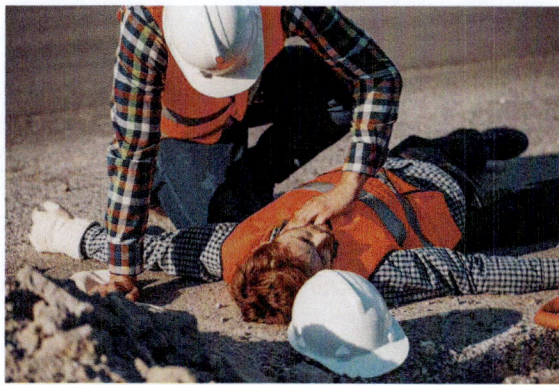

Toma del pulso carotídeo

 SABÍAS QUE...

El protocolo PAS es la regla básica de actuación en los primeros auxilios y se aplica en cualquier situación de emergencia. Seguir este orden es vital: si no se protege primero, la persona rescatista puede convertirse en otra víctima; y, si no se avisa a tiempo, la asistencia especializada puede retrasarse.

 TAREA 1

Explica por qué es importante comprobar la consciencia, la respiración y el pulso, en ese orden, antes de mover a un accidentado durante una evacuación primaria.

7.4. Personal que interviene en el sistema de emergencia

Tras analizar los pasos que seguir en el reconocimiento de un herido, hay que comentar que en el sistema de emergencia intervienen una serie de personas. Para que actúen de forma correcta, el personal debe ser formado y entrenado adecuadamente.

Testigos

En un accidente laboral nos podemos encontrar con testigos ordinarios, que son aquellos que no tienen ninguna formación ni preparación y que, en un momento dado, pueden incluso complicar la investigación al confundir los datos. Por ello, estos testigos no serán tenidos muy en cuenta.

También se encuentran los testigos privilegiados, que, con unos conocimientos adecuados, pueden, en un momento dado, hacer una valoración del accidente lo más objetiva posible.

Por último, tenemos los testigos profesionales, que son aquellos debidamente formados y entrenados para actuar en casos de accidentes laborales, ya que saben prestar primeros auxilios, dónde y a qué personas avisar, etc.

Estas personas serán los delegados de prevención, de personal, de seguridad, etc.

Diferentes accidentes laborales con la actuación adecuada de testigos profesionales

El/la telefonista

Se trata de la persona adecuada para ponerse en contacto con los servicios de emergencia correspondientes. De ella depende la transmisión eficaz del mensaje, por lo cual se la considerará un testigo privilegiado.

El/la socorrista

Para decidir con cuántos socorristas debemos contar, es importante tener en cuenta:

- Número de trabajadores de la empresa.
- Las dimensiones de la empresa.
- Tipo de trabajo y tareas que se realizan, así como la distribución de los trabajadores de acuerdo con las diferentes tareas.
- Riesgos existentes en la empresa. Magnitud de estos.
- Turnos de trabajo.
- La existencia de servicios médicos externos próximos a la empresa.

En cualquier caso, se deberá contar siempre con una persona formada que pueda actuar, en un primer momento, ante situaciones de emergencia.

Como medida orientativa diremos que se ha de contar con un socorrista por cada 50 trabajadores y por turno, siempre considerando una empresa de nivel de riesgo bajo, por ejemplo, trabajos administrativos. Conforme suba el nivel de riesgo, hay que aumentar el número de socorristas en relación con la gravedad de los riesgos de la empresa.

8. Información de apoyo para la actuación de emergencias

 HILO CONDUCTOR

Alicia sigue comprobando los materiales antes de la llegada del auditor, por lo que está revisando que toda la información de apoyo está actualizada y accesible: los planes de emergencia, la señalización es visible y se encuentra en buen estado, los extintores están libres de elementos que impiden su utilización o ubicación, y los botiquines están equipados con los elementos que deben contener.

La información de apoyo constituye un recurso esencial para garantizar una respuesta rápida, ordenada y eficaz frente a cualquier situación de emergencia. Se trata de documentos, señalizaciones, registros y recursos formativos que orientan al personal sobre cómo actuar y a qué procedimientos acogerse en caso de incidente. Contar con esta información, visible y accesible, no solo facilita la toma de decisiones, sino que también reduce la posibilidad de errores y asegura una coordinación más efectiva con los servicios de emergencia externos.

En las actividades de riesgo, como son los trabajos de soldadura, disponer de información de apoyo resulta más crítico debido a la presencia de fuentes de calor, gases comprimidos y materiales inflamables. La existencia de planes claros, rutas de evacuación señalizadas y protocolos específicos adaptados al entorno de trabajo permite actuar con mayor seguridad y eficacia ante cualquier eventualidad.

 **RECUERDA**

El plan de emergencias es el documento principal que establece las pautas de actuación frente a diferentes escenarios críticos. Debe incluir los tipos de emergencias previsibles, las funciones de cada trabajador, los procedimientos de evacuación y los sistemas de comunicación. En los trabajos soldadura, este plan debe prestar especial atención al control de incendios, a las fugas de gas y a las evacuaciones en los espacios confinados.

Señalización de seguridad

La señalización constituye un apoyo visual inmediato que orienta al personal en las situaciones de emergencia. Incluye las señales de evacuación, localización de extintores, salidas de emergencia, botiquines y equipos de protección respiratoria. Una correcta ubicación y mantenimiento de estas señales garantiza que puedan ser interpretadas de manera rápida incluso en condiciones de estrés o baja visibilidad.

Recursos materiales disponibles

Los recursos materiales representan los equipos y las herramientas destinados al control inicial de la emergencia. Entre ellos destacan los extintores, los hidrantes, las mantas ignífugas, los botiquines de primeros auxilios, los equipos de respiración autónoma y los sistemas de ventilación. En los trabajos y en los entornos de soldadura, su disponibilidad y buen estado de mantenimiento son determinantes para evitar la propagación de los incendios o intoxicaciones.

Formación y simulacros

La información de apoyo no se limita a los documentos o la señalización, también incluye la capacitación de los trabajadores. La formación en primeros auxilios, el uso de los extintores y el manejo de las emergencias específicas del sector de la soldadura proporciona una mayor confianza a la hora de poner en práctica los procedimientos establecidos, detectar los posibles fallos y mejorar la coordinación del equipo.

Coordinación con servicios externos

En una emergencia real, la intervención de los servicios externos como bomberos, protección civil o servicios médicos es fundamental. Para facilitar su actuación, la empresa debe contar con información actualizada sobre los accesos, el almacenamiento de gases y las zonas de riesgo. Este apoyo documental agiliza la respuesta y reduce el tiempo de exposición a los riesgos o peligros.

 ACTIVIDAD COMPLEMENTARIA

10. Investiga y enumera al menos tres elementos de señalización de seguridad que deben estar visibles en un taller de soldadura. Explica brevemente la función de cada uno.

9. Resumen

La gestión de emergencias en el trabajo requiere planes definidos, coordinación y formación para garantizar evacuaciones seguras y respuestas eficaces que minimicen daños a personas, instalaciones y medioambiente.

Los accidentes laborales, especialmente en los trabajos de soldadura, pueden deberse a agentes térmicos, eléctricos, químicos, mecánicos o radiaciones, y presentarse en forma de caídas, proyecciones, atrapamientos, incendios o sobreesfuerzos. Se clasifican por gravedad (leves, graves o mortales) y su conocimiento permite aplicar medidas preventivas específicas.

La evacuación primaria del accidentado busca trasladarlo a un lugar seguro sin agravar las lesiones. Se basa en la valoración de la conciencia, la respiración y el pulso, aplicando técnicas básicas de reanimación y apoyándose en conocimientos anatómicos y fisiológicos esenciales.

Los primeros auxilios son actuaciones inmediatas para preservar la vida y evitar complicaciones: actuar con calma, no mover al herido innecesariamente, priorizar hemorragias y respiración, mantenerlo caliente, no medicar y trasladar de forma adecuada hasta recibir atención sanitaria.

El socorrismo laboral es la atención inicial prestada por trabajadores formados en prevención, con distintos niveles de capacitación: básico (urgencias vitales), intermedio (lesiones leves) y superior (riesgos específicos como intoxicaciones o quemaduras químicas).

Las situaciones de emergencia (incendios, explosiones, descargas, gases tóxicos o caídas en altura) requieren planes específicos y formación continua para responder con rapidez y coordinación.

Los planes de emergencia y evacuación son obligatorios por ley y establecen objetivos, jerarquías, procedimientos, señalización y simulacros. La activación del sistema sigue tres fases: proteger, avisar y socorrer, garantizando la seguridad y la atención inmediata de los accidentados.

La información de apoyo (documentos, señalización, recursos materiales, formación y coordinación con servicios externos) asegura una actuación rápida, organizada y eficaz en cualquier emergencia, especialmente en entornos de alto riesgo como la soldadura.

Ejercicios de autoevaluación
Unidad de Aprendizaje 3

1. ¿Cuál es la primera acción dentro del protocolo PAS en primeros auxilios?

   a. Avisar a los servicios de emergencia.
   b. Evaluar el estado de consciencia.
   c. Proteger al accidentado y al socorrista.
   d. Socorrer al accidentado.

2. En caso de que un herido respire, pero no esté consciente, ¿qué posición debe adoptarse?

   a. Bocabajo para facilitar la respiración.
   b. Decúbito supino.
   c. Posición lateral de seguridad.
   d. Sentado con la cabeza inclinada.

3. ¿Qué tipo de testigo tiene formación y conocimientos para actuar eficazmente ante un accidente?

   a. Testigo ocasional.
   b. Testigo ordinario.
   c. Testigo pasivo.
   d. Testigo profesional.

4. ¿Qué medida preventiva es más adecuada para evitar intoxicaciones por humos metálicos en soldadura?

   a. Aplicar cremas protectoras antes de soldar.
   b. Usar calzado con suela antideslizante.
   c. Utilizar gafas de protección solar.
   d. Ventilación adecuada y uso de mascarillas con filtro.

5. ¿Qué se debe hacer si un accidentado no presenta respiración ni pulso?

   a. Administrar medicamentos hasta que llegue ayuda.
   b. Darle de beber agua para reanimarlo.

c. Esperar a que recupere la consciencia por sí solo.

d. Realizar RCP con respiración boca a boca y masaje cardíaco.

6. ¿Qué acción es prioritaria antes de atender una hemorragia grave?

a. Buscar una camilla.

b. Comprobar que el entorno sea seguro para el socorrista.

c. Esperar la llegada de los bomberos.

d. Trasladar al herido a su casa.

7. ¿Cuál es la actuación correcta en caso de incendio con una persona electrocutada cercana?

a. Administrar respiración boca a boca inmediatamente.

b. Cortar la corriente y usar un objeto aislante.

c. Mojar al accidentado para apagar el fuego.

d. Tocar directamente al herido para separarlo.

8. ¿Cuál es la posición correcta para realizar el masaje cardíaco externo?

a. Con el accidentado en decúbito supino sobre una superficie firme.

b. Con el accidentado en posición lateral de seguridad.

c. De pie, sujetando al herido por la espalda.

d. Sentado, con la cabeza inclinada hacia el pecho.

9. ¿Qué documento recoge los medios técnicos, organizativos y procedimientos ante una emergencia?

a. Contrato de prevención.

b. Manual de calidad.

c. Parte de trabajo.

d. Plan de emergencia y evacuación.

10. ¿Qué debe hacerse al activar el sistema de emergencia en un accidente?

    a. Apagar la maquinaria y evacuar.
    b. Esperar instrucciones del jefe de planta.
    c. Proteger, avisar y socorrer.
    d. Sacar al herido por la vía más rápida.

Factores de riesgo en trabajos de soldadura

Contenido

Objetivos

Los objetivos específicos de esta Unidad de Aprendizaje son:

→ Reconocer los principios básicos de actuación en primeros auxilios ante diferentes tipos de accidentes laborales.

→ Identificar los signos vitales y las prioridades de intervención en situaciones de emergencia.

→ Aplicar las técnicas adecuadas de reanimación, control de hemorragias y atención inicial de quemaduras, fracturas y otras lesiones frecuentes.

→ Valorar la importancia de mantener la calma, actuar con seguridad y solicitar ayuda especializada de forma eficaz.

1. Introducción

La gestión de las emergencias en los entornos laborales exige una planifi-cación rigurosa, una actuación coordinada y una actitud preventiva cons-tante. La seguridad de las personas y la protección de las instalaciones de-penden, en gran medida, de la capacidad de respuesta ante las situaciones críticas y de la aplicación sistemática de las medidas orientadas a minimizar los riesgos.

En aquellos contextos en los que confluyen múltiples factores de peligro, la prevención se convierte en un elemento clave para evitar los daños perso-nales, materiales o medioambientales. La correcta aplicación de los proce-dimientos, la adecuación de los espacios de trabajo y el cumplimiento de las normativas de seguridad son los pilares fundamentales para garantizar un entorno laboral seguro y operativo.

En una reunión con la Dirección de la empresa, Alicia ha destacado que la gestión de las emergencias no puede improvisarse. Por este motivo, les ha hecho ver que la seguridad en el taller depende de la planificación previa, la coordinación del equipo y el cumplimiento estricto de los procedimientos, como respuesta eficaz ante las situaciones críticas para proteger tanto a las personas como a las instalaciones.

2. Riesgos de caídas de objetos pesados

☞ **HILO CONDUCTOR**

Alicia está revisando el almacén en el que se guardan los materiales y ha detectado que hay estanterías sobrecargadas y materiales mal apilados. Por este motivo, ha advertido a su equipo que la caída de objetos pesados puede provocarles lesiones graves y paralizar la producción, motivo por el que es importante usar sistemas de almacenamiento seguros, señalizar las zonas de carga y utilizar siempre los EPI adecuados, como cascos y calzado de seguridad.

En los entornos de trabajo, especialmente en los que se desarrollan las acti-vidades industriales y de construcción, existe un riesgo elevado de caída de objetos pesados. Este tipo de incidentes puede producirse durante las ope-raciones de manipulación de cargas, almacenamiento en altura, transporte interno o por el uso inadecuado de las herramientas y los equipos de elevación. Las consecuencias de una caída de este tipo de objetos son potencialmente graves, pudiendo provocar lesiones de consideración, daños materiales y la paralización temporal de la actividad.

Las principales causas que generan este riesgo son:

- **Almacenamiento inadecuado de los materiales** en las estanterías o en las superficies inestables.
- **Uso incorrecto de grúas, polipastos o carretillas elevadoras** durante las maniobras de carga y descarga.
- **Sobrecarga de las estanterías o sistemas de almacenamiento** que comprometen su estabilidad.
- **Falta de señalización o delimitación de las áreas de riesgo** en las zonas en las que se manipulan o almacenan los objetos pesados.
- **Deficiencias en el amarre, la sujeción o el apilamiento** de materiales en altura.
- **Condiciones ambientales adversas** (vibraciones, viento, superficies irregulares) que favorecen el desprendimiento o la caída.

La gestión segura de las actividades de almacenamiento y manipulación de cargas es fundamental para prevenir accidentes laborales y garantizar la integridad tanto del personal como de los materiales. Para ello, es imprescindible:

- Diseñar y utilizar **sistemas de almacenamiento seguros** que soporten el peso previsto.
- Asegurar la **formación del personal** en técnicas de manipulación y uso de los equipos de elevación.
- Implantar **protocolos de inspección y mantenimiento** de grúas, estanterías y equipos auxiliares.
- Delimitar con señalización clara las **zonas de carga, descarga y almacenamiento.**
- Utilizar **equipos de protección individual (EPI)** adecuados, como los cascos o el calzado de seguridad.
- Fomentar una **cultura preventiva** que priorice la organización y el orden en el lugar de trabajo.

Es importante señalizar y mantener limpia y ordenada la zona de trabajo.

3. Riesgo de golpes contra objetos

☞ HILO CONDUCTOR

En una de sus rondas, Alicia se ha dado cuenta que en algunas zonas del taller hay herramientas en el suelo y que existen zonas de paso mal iluminadas. Ha decidido reunirse con los miembros del equipo para explicarles que los golpes contra objetos son frecuentes y pueden evitarse manteniendo el orden, señalizando las estructuras de riesgo y garantizando una buena iluminación, motivo por el que les ha pedido que si detectan cualquier fallo se lo indiquen para reducir la posibilidad de que sufran un accidente.

El riesgo de golpes contra objetos está presente en prácticamente todos los entornos laborales, pero adquiere especial relevancia en los talleres, los almacenes y las obras, donde la disposición de las herramientas, los equipos y los materiales puede generar obstáculos. Este tipo de incidentes se produce cuando el trabajador entra en contacto accidental con los objetos fijos o móviles, ocasionando desde lesiones leves hasta traumatismos de mayor gravedad. La falta de orden, la escasa iluminación y la circulación en áreas congestionadas aumentan significativamente la probabilidad de accidentes.

Las principales causas que generan este tipo de riesgo son:

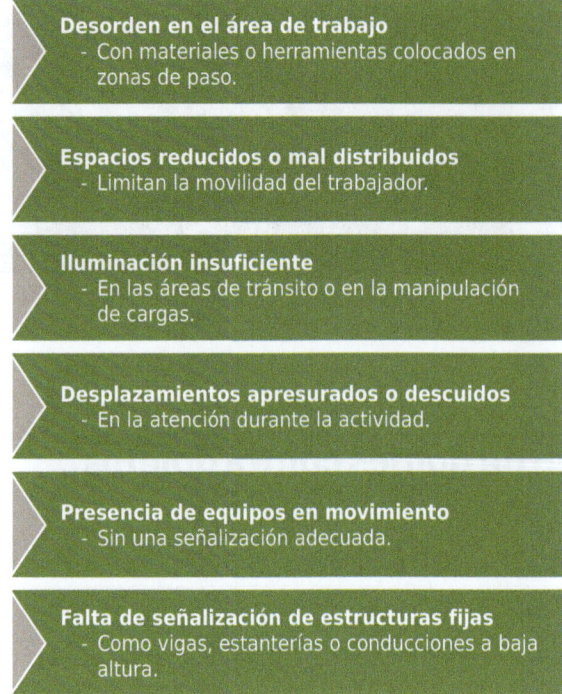

Desorden en el área de trabajo
- Con materiales o herramientas colocados en zonas de paso.

Espacios reducidos o mal distribuidos
- Limitan la movilidad del trabajador.

Iluminación insuficiente
- En las áreas de tránsito o en la manipulación de cargas.

Desplazamientos apresurados o descuidos
- En la atención durante la actividad.

Presencia de equipos en movimiento
- Sin una señalización adecuada.

Falta de señalización de estructuras fijas
- Como vigas, estanterías o conducciones a baja altura.

Solo mediante una gestión proactiva y una cultura organizativa centrada en la prevención se pueden reducir significativamente los accidentes y mejorar la eficiencia operativa. Entre las principales medidas recomendadas se encuentran:

⊃ Mantener el orden y la limpieza en el área de trabajo, aplicando normas de organización.
⊃ Diseñar una distribución adecuada de espacios, garantizando zonas de paso seguras y libres de obstáculos.
⊃ Instalar iluminación suficiente en todas las áreas de tránsito y manipulación.
⊃ Señalizar adecuadamente los elementos fijos que supongan riesgo de impacto.
⊃ Establecer protocolos de circulación interna para trabajadores y equipos móviles.
⊃ Concienciar al personal mediante formación en seguridad y buenas prácticas de desplazamiento.

ACTIVIDAD COMPLEMENTARIA

11. En un taller de soldadura se realizan trabajos de montaje de estructuras metálicas. Los operarios utilizan mesas de trabajo, piezas de acero de gran tamaño, botellas de gas y herramientas diversas.

    Cita tres situaciones concretas en las que un soldador pueda sufrir golpes contra objetos.

    Propón medidas preventivas adaptadas al entorno de la soldadura.

    Explica cómo este tipo de accidente puede afectar tanto a la seguridad del trabajador como a la calidad del trabajo de soldadura.

---

4. Riegos de incendio

 HILO CONDUCTOR

Alicia está preocupada porque el riesgo de incendio es uno de los que mayor repercusión pueden tener en la empresa, por lo que ha decidido reunirse con los soldadores para explicarles que el fuego puede originarse por chispas, materiales inflamables mal gestionados o instalaciones eléctricas defectuosas, motivo por el que les quiere hacer ver que mantener los equipos en buen estado, señalizar las zonas de riesgo, tener extintores accesibles y realizar simulacros periódicos les ayudará a garantizar una respuesta rápida y eficaz.

4.1. Causas que provocan el riesgo de incendio

El riesgo de incendio es uno de los más graves en los entornos laborales, especialmente en las actividades en las que se manipulan materiales combustibles, se emplean equipos de soldadura o se utilizan fuentes de calor. Un incendio puede ocasionar pérdidas humanas, graves daños materiales y la interrupción prolongada de la actividad productiva. La identificación de los factores que pueden originarlo, junto con la implementación de medidas preventivas, resulta esencial para garantizar la seguridad de los trabajadores y la continuidad de las operaciones.

Las principales causas que originan este tipo de riesgo son:

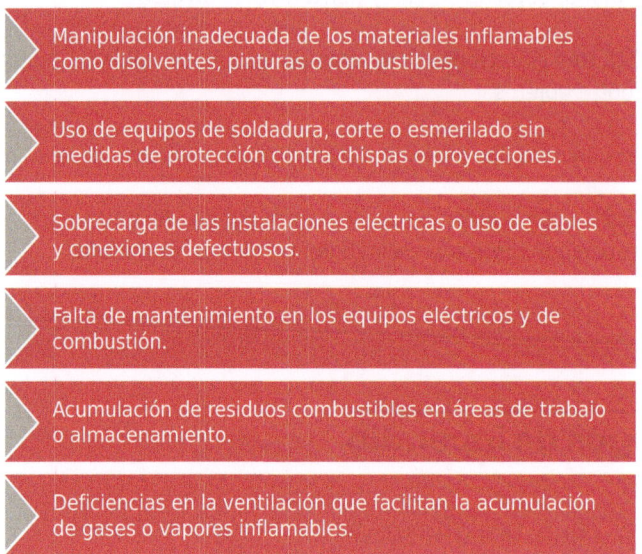

Manipulación inadecuada de los materiales inflamables como disolventes, pinturas o combustibles.

Uso de equipos de soldadura, corte o esmerilado sin medidas de protección contra chispas o proyecciones.

Sobrecarga de las instalaciones eléctricas o uso de cables y conexiones defectuosos.

Falta de mantenimiento en los equipos eléctricos y de combustión.

Acumulación de residuos combustibles en áreas de trabajo o almacenamiento.

Deficiencias en la ventilación que facilitan la acumulación de gases o vapores inflamables.

La prevención y el control de los incendios en el entorno laboral son aspectos fundamentales para proteger la vida de los trabajadores, la integridad de las instalaciones y la continuidad de las operaciones. Una gestión eficaz de estos riesgos requiere no solo una infraestructura adecuada, sino también una cultura de seguridad basada en la formación, la planificación y la respuesta organizada ante situaciones de emergencia. Entre las principales medidas recomendadas se encuentran:

➲ Implantar un plan de prevención y control de incendios, con procedimientos claros de actuación.
➲ Mantener los equipos de extinción en condiciones óptimas y al alcance del personal (extintores, bocas de incendio, sistemas automáticos).
➲ Garantizar la formación de los trabajadores en la manipulación de materiales inflamables y en la respuesta ante emergencias.
➲ Realizar mantenimientos periódicos en instalaciones y equipos eléctricos.
➲ Establecer zonas específicas y seguras de almacenamiento para productos combustibles.

⮞ Señalizar y mantener las rutas de evacuación despejadas y accesibles en todo momento.

⮞ Realizar simulacros periódicos de evacuación y emergencia para entrenar la respuesta del personal.

Los sistemas de protección contra incendios están destinados a, en caso de iniciarse un incendio, limitar su propagación y reducir sus consecuencias. Destacan:

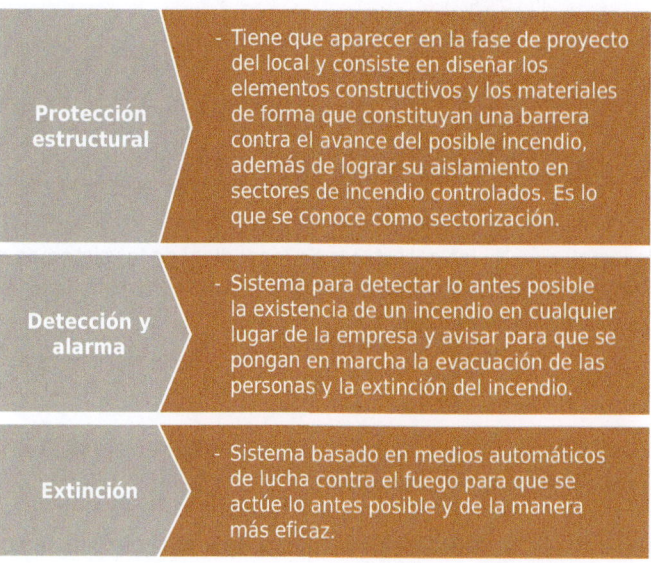

Protección estructural	- Tiene que aparecer en la fase de proyecto del local y consiste en diseñar los elementos constructivos y los materiales de forma que constituyan una barrera contra el avance del posible incendio, además de lograr su aislamiento en sectores de incendio controlados. Es lo que se conoce como sectorización.
Detección y alarma	- Sistema para detectar lo antes posible la existencia de un incendio en cualquier lugar de la empresa y avisar para que se pongan en marcha la evacuación de las personas y la extinción del incendio.
Extinción	- Sistema basado en medios automáticos de lucha contra el fuego para que se actúe lo antes posible y de la manera más eficaz.

4.2. Sistemas de detección de incendio

Los sistemas de detección de incendio descubren la presencia de fuego en un lugar determinado y envían la señal a otros sistemas (principalmente alumbrado de emergencia y alarma) para que avisen del hecho peligroso. Revelan la presencia de fuego a través de alguno de los fenómenos asociados a él: gases, humos, alta temperatura, etc.

Detector de humo en funcionamiento

IMPORTANTE

En la instalación de los detectores de incendio y de los sistemas de alarma hay que tener en cuenta las ordenanzas y la normativa de la ubicación en la que se encuentre el lugar de trabajo.

- -

Los sistemas de alarma normalmente se basan en señales acústicas, señales visuales o la combinación de ambas.

Generalmente, las señales acústicas (sonido audible) son las que avisan sonoramente de la situación de emergencia.

Las señales visuales suelen darse por medio del alumbrado de emergencia, un sistema basado en luminarias que se encienden en caso de emergencia para señalizar las vías de evacuación.

Alumbrado de emergencia en funcionamiento

Los sistemas automáticos de extinción están destinados, una vez detectado, a actuar para su extinción.

Las empresas instaladoras montan estos sistemas dependiendo del material que se encuentra en el lugar o si hay materiales que necesitan unas condiciones especiales de almacenaje:

⮑ Para los incendios en los que arden combustibles sólidos (madera, papel, etc.), se suelen utilizar sistemas de extinción de agua, ya sean rociadores o de agua pulverizada.
⮑ Para incendios en los que arden líquidos, se suelen utilizar sistemas de extinción con espuma.
⮑ En locales donde se quieran proteger los equipos electrónicos e informáticos, se suelen utilizar sistemas de extinción mediante el uso de gases.

 TAREA 2

Durante el montaje de una estructura metálica en un taller, un soldador está realizando cordones de soldadura con su equipo de arco eléctrico. En la zona cercana al puesto de trabajo, tiene los trapos impregnados de aceite, las maderas de embalaje y un bidón con restos de disolvente.

¿Qué elementos están presentes en la escena y representan un peligro inmediato de incendio?

¿Qué acciones incorrectas está cometiendo el soldador o el taller en general?

Diseña un plan rápido de prevención para evitar que este tipo de situaciones se repitan.

5. Riesgos de quemaduras

☞ **HILO CONDUCTOR**

Ante el último accidente que ha habido en la empresa, en el que un soldador ha sufrido quemaduras leves, Alicia les advierte que, para los soldadores, las quemaduras son el riesgo más habitual en su trabajo. Estas quemaduras pueden deberse a las chispas, a las superficies calientes, a los productos químicos o a las descargas eléctricas, motivo por el cual es fundamental el uso de los EPI ignífugos, la señalización adecuada y la formación en primeros auxilios para minimizar las posibles consecuencias y garantizar una respuesta eficaz ante cualquier incidente.

Las quemaduras representan un riesgo frecuente en los entornos industriales, de soldadura y en los talleres, donde los trabajadores están expuestos al contacto con superficies calientes, chispas, proyecciones metálicas fundidas o productos químicos corrosivos. Dependiendo de su origen, las quemaduras pueden ser térmicas, químicas o eléctricas, y sus consecuencias varían desde las lesiones leves en la piel hasta los daños graves que requieren atención médica especializada. La prevención es fundamental para proteger la integridad física del personal y garantizar un entorno laboral seguro.

Las principales causas que originan este riesgo son:

⊃ **Contacto directo con las superficies calientes,** piezas recién soldadas o equipos en funcionamiento.
⊃ **Exposición a chispas, salpicaduras o proyecciones incandescentes** durante operaciones de corte o soldadura.
⊃ **Manipulación de líquidos o productos químicos corrosivos** sin las debidas precauciones.
⊃ **Uso inadecuado de equipos eléctricos,** que puede provocar quemaduras por descargas.
⊃ **Falta de señalización en áreas o equipos de riesgo térmico.**
⊃ **Ausencia o mal uso de equipos de protección individual (EPI)** específicos para tareas con riesgo térmico o químico.

La exposición a los riesgos térmicos, eléctricos y químicos en el entorno laboral exige la adopción de medidas específicas que garanticen la protección del personal y la correcta manipulación de los materiales peligrosos. La prevención en estos casos no solo depende de los equipos técnicos disponibles, sino también de la formación adecuada y de una señalización clara que permita identificar las zonas de peligro. Entre las principales medidas recomendadas se encuentran:

- ➲ Utilizar **EPI adecuados,** como guantes térmicos, ropa ignífuga, pantallas faciales y gafas de seguridad.
- ➲ Implantar **protocolos seguros de manipulación** para equipos y materiales que generen calor o contengan sustancias corrosivas.
- ➲ Señalizar las **zonas con riesgo térmico, eléctrico o químico** de forma visible.
- ➲ Asegurar la **formación del personal en primeros auxilios** específicos para quemaduras.
- ➲ Mantener un **buen estado de los equipos eléctricos y de soldadura,** con revisiones periódicas.
- ➲ Disponer de **duchas de emergencia y botiquines específicos** en zonas donde se manipulen productos químicos peligrosos.

IMPORTANTE

Las quemaduras son lesiones de la piel producidas por la descomposición de los tejidos orgánicos debido a factores como el calor, el frío, los productos químicos o la electricidad.

Las quemaduras pueden deberse al propio trabajo de soldadura o al uso de productos químicos para tratar las superficies que soldar.

La clasificación de las quemaduras según la intensidad es la siguiente:

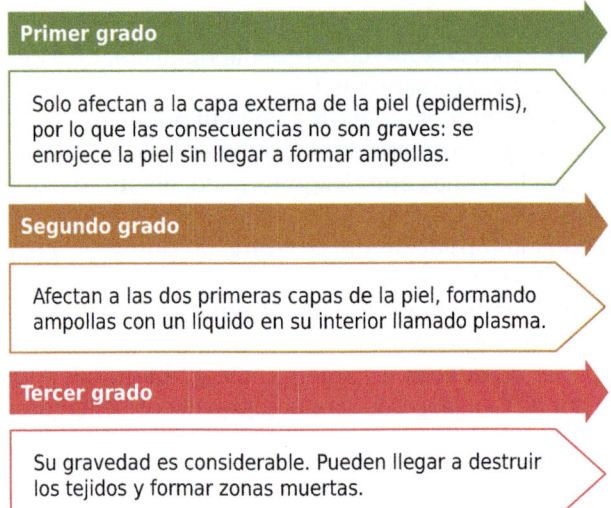

Primer grado

Solo afectan a la capa externa de la piel (epidermis), por lo que las consecuencias no son graves: se enrojece la piel sin llegar a formar ampollas.

Segundo grado

Afectan a las dos primeras capas de la piel, formando ampollas con un líquido en su interior llamado plasma.

Tercer grado

Su gravedad es considerable. Pueden llegar a destruir los tejidos y formar zonas muertas.

Ante una quemadura, antes de administrar los primeros auxilios, se deben evaluar la extensión y la profundidad de la parte más seria de la quemadura.

La actuación en caso de **quemaduras leves** pasa por las siguientes etapas:

1. Calmar al afectado.
2. Si la piel no ha sido dañada, la zona afectada debe aliviarse con agua fría durante unos minutos. Una toalla limpia, húmeda y fría también ayuda a reducir el dolor.
3. Cubrir la quemadura con un vendaje estéril.

La actuación en caso de **quemaduras graves** pasa por las siguientes etapas:

1. En el caso de que una persona esté envuelta en llamas, dígale que se detenga, se tire al suelo y ruede. Envuelva a la persona en una manta, una alfombra, un abrigo...
2. Llame al teléfono de urgencias.
3. No retire la ropa quemada que se encuentre pegada a la piel.
4. Compruebe que el herido se encuentra respirando. Si las vías respiratorias están obstruidas, hay que abrirlas. Si es necesario, hay que suministrar respiración artificial.

5. Cubre la zona quemada con vendas estériles. Si el área quemada es muy extensa, puede cubrirse con una sábana.
6. Tome las medidas necesarias para evitar el *shock*.
7. Compruebe el pulso y la frecuencia respiratoria hasta que lleguen los servicios médicos.

6. Riesgos por inhalación de humos y gases procedentes de la soldadura

☞ **HILO CONDUCTOR**

Mientras supervisa unos trabajos, Alicia se ha dado cuenta de que hay una cantidad elevada de humos y gases debido a los trabajos de soldadura. Debido a que son un riesgo invisible pero muy peligroso, ha decidido paralizar los trabajos hasta que se reduzca esta exposición, ya que les puede causar intoxicaciones o enfermedades respiratorias a los trabajadores si no se cuenta con ventilación adecuada o protección respiratoria. Una vez que ha comprobado que sus trabajadores utilizan mascarillas con filtros y que mantienen los sistemas de extracción en buen estado, decide que pueden volver al trabajo al no existir riesgo para ellos.

En los trabajos de soldadura se generan humos metálicos y gases que, al ser inhalados, pueden producir efectos nocivos para la salud de los trabajadores. Estos contaminantes provienen de la fusión de los metales, del recubrimiento de los electrodos, de los materiales de aporte y, en muchos casos, de los tratamientos superficiales de las piezas. La exposición prolongada o sin medidas preventivas puede derivar en problemas respiratorios agudos, intoxicaciones o enfermedades crónicas. Por este motivo, la protección frente a humos y gases constituye un aspecto prioritario en la seguridad laboral de los soldadores.

Las principales causas que originan este riesgo son:

⮑ **Generación de humos metálicos** por la fusión de acero, aluminio, cobre, zinc u otros metales.
⮑ **Producción de gases tóxicos** como ozono, monóxido de carbono, dióxido de nitrógeno o fosgeno en determinadas condiciones.

⮕ **Soldadura en espacios confinados** con ventilación deficiente.

⮕ **Ausencia o inadecuado uso de equipos de extracción** localizada o ventilación general.

⮕ **Falta de uso de equipos de protección respiratoria** adecuados.

⮕ **Exposición acumulada** en jornadas prolongadas sin descansos adecuados ni control ambiental.

La soldadura genera humos y gases que, si no se controlan adecuadamente, pueden afectar gravemente a la salud de los trabajadores expuestos. Por ello, es fundamental implementar medidas técnicas y organizativas que reduzcan al mínimo la inhalación de contaminantes, así como fomentar prácticas seguras mediante la formación y el uso de equipos de protección adecuados. Entre las principales medidas recomendadas destacan:

Instalar y mantener sistemas de ventilación general y extracción localizada en los puestos de soldadura.

Utilizar equipos de protección respiratoria (mascarillas con filtros específicos) cuando la ventilación no sea suficiente.

Evitar la soldadura en espacios confinados sin las medidas de ventilación y los permisos de trabajo adecuados.

Seleccionar materiales y consumibles de soldadura menos contaminantes, siempre que sea posible.

Realizar controles periódicos de la calidad del aire en los lugares de trabajo.

Formar a los trabajadores sobre los riesgos asociados a los humos y los gases, y las medidas de autoprotección necesarias.

Establecer pausas y rotación de tareas para limitar la exposición acumulada.

 **APLICACIÓN PRÁCTICA**

Estás soldando durante varias horas en un taller cerrado, uniendo piezas de acero al carbono. Poco a poco, notas que el aire se vuelve pesado y el humo de la soldadura forma una nube visible alrededor de tu puesto. Empiezas a sentir escozor en los ojos y un ligero mareo.

En ese momento, tu encargado se acerca y te dice: "No te preocupes, termina rápido este trabajo, que solo son unos minutos más".

- ¿Aceptarías continuar soldando en esas condiciones? Explica tu decisión.
- ¿Qué problemas de salud podrías sufrir a corto y largo plazo por inhalar estos humos y gases?
- ¿Qué cambios deberían aplicarse en el taller para que este trabajo se realice de manera segura?

SOLUCIÓN (Posible solución)

No, yo no continuaría soldando en esas condiciones. Aunque el encargado diga que son solo unos minutos, la acumulación de humos me está provocando mareo y escozor en los ojos, lo que indica que la atmósfera no es segura.

La inhalación de los humos de soldadura puede provocar problemas inmediatos como irritación en ojos, nariz y garganta, dolores de cabeza y mareos, pero también riesgos graves a largo plazo, como bronquitis crónica, asma ocupacional o incluso cáncer de pulmón si se trabaja así de manera habitual.

Para poder soldar con seguridad en este taller, sería necesario instalar una ventilación adecuada, tanto general como localizada en el puesto de trabajo. También se deberían usar extractores de humos cerca del arco de soldadura, además de equipos de protección individual, como mascarillas con filtros apropiados. Y, por supuesto, no debería retomarse el trabajo hasta que la atmósfera esté en condiciones seguras.

7. Riesgos de explosión en la soldadura oxiacetilénica y corte por gas

☞ **HILO CONDUCTOR**

La empresa de Alicia tiene que desarrollar unos trabajos especiales en los que se usa la soldadura oxiacetilénica y el corte por gas, que son especialmente peligrosos por el riesgo de explosión. Alicia está desarrollando una formación específica para los trabajadores que participan en ellos, para recordarles que las fugas, los retrocesos de la llama o un mal almacenamiento de las botellas pueden tener consecuencias graves. Insiste en que deben usar siempre dispositivos de seguridad, revisar las mangueras y las válvulas, y almacenar los gases en lugares ventilados y separados de fuentes de calor.

La soldadura oxiacetilénica y el corte por gas implican el uso de botellas de oxígeno y acetileno, así como mangueras, sopletes y válvulas que trabajan con gases a presión. Una manipulación incorrecta o deficiencias en el mantenimiento de estos equipos pueden generar situaciones de riesgo de explosión, con consecuencias muy graves para la integridad de los trabajadores y las instalaciones. Estos incidentes pueden deberse a fugas de gas, retrocesos de llama o acumulación de mezclas explosivas en espacios confinados.

Las principales causas en las que tiene su origen este riesgo son:

- ⮑ **Fugas de gas** debido a conexiones defectuosas, mangueras deterioradas o válvulas en mal estado.
- ⮑ **Retroceso o retorno de llama** en el soplete por la incorrecta regulación de las presiones de trabajo.
- ⮑ **Almacenamiento inadecuado de las botellas** de oxígeno y acetileno, en lugares cerrados o próximos a fuentes de calor.
- ⮑ **Uso de equipos sin dispositivos de seguridad** como válvulas antirretorno o apagallamas.
- ⮑ **Soldadura o corte en espacios confinados** sin ventilación suficiente, donde se acumulan los gases explosivos.
- ⮑ **Manipulación indebida de las botellas** (golpes, exposición al sol, transporte incorrecto).

El uso de gases a presión en los procesos de oxicorte y soldadura requiere un control riguroso de los equipos y una correcta manipulación de los materiales para evitar los riesgos de explosión, incendio o intoxicación. Una gestión segura de estos trabajos implica el mantenimiento técnico adecuado, la formación continua del personal y el cumplimiento estricto de las normas de seguridad. Entre las principales medidas recomendadas destacan:

- Revisar periódicamente el **estado de mangueras, sopletes, válvulas y botellas,** sustituyendo cualquier componente deteriorado.
- Instalar y utilizar siempre **dispositivos de seguridad** (antirretorno de llama y apagallamas) en los equipos de soldadura.
- Garantizar el **almacenamiento seguro de botellas** en lugares ventilados, protegidos del calor y separando el oxígeno de los combustibles.
- Realizar la **regulación adecuada de presiones** en cada operación, siguiendo las recomendaciones del fabricante.
- Formar a los trabajadores en la **manipulación segura de gases a presión** y en procedimientos de emergencia ante fugas o retrocesos de llama.
- Evitar trabajos con oxicorte en **espacios confinados sin permisos y medidas de ventilación adecuadas.**
- Transportar y manipular las botellas con **carros portabotellas homologados** y nunca rodándolas o arrastrándolas.

8. Riesgos en la piel y los ojos por exposición a la radiación

☞ HILO CONDUCTOR

Hoy se incorpora un nuevo trabajador en prácticas a la empresa de Alicia, motivo por el cual le están recordando todas las medidas de protección. Alicia le recuerda que la soldadura lo expone a radiaciones UV e infrarrojas capaces de causar quemaduras en la piel y daños oculares graves, motivo por el que es obligatorio el uso de pantallas homologadas, ropa ignífuga y barreras colectivas para proteger al equipo y prevenir las lesiones permanentes.

Durante los trabajos de soldadura, los operarios están expuestos a diferentes tipos de radiación: ultravioleta (UV), infrarroja (IR) y visible de alta intensidad. Estas radiaciones, generadas por el arco eléctrico y la llama, pueden provocar lesiones tanto a corto como a largo plazo en la piel y en los ojos de los trabajadores. La exposición sin protección adecuada puede originar irritaciones, quemaduras, envejecimiento prematuro de la piel o incluso patologías más graves como cataratas y lesiones oculares permanentes. Por ello, se considera un riesgo crítico que requiere medidas preventivas específicas y estrictas.

Las principales causas que originan este riesgo son:

⮑ **Emisión de radiación ultravioleta e infrarroja** durante los procesos de soldadura por arco eléctrico.
⮑ **Uso de pantallas o gafas de soldador inadecuadas o defectuosas.**
⮑ **Exposición accidental de compañeros de trabajo** que se encuentran en las proximidades sin protección ocular.
⮑ **Trabajos prolongados sin descansos** ni medidas de protección adicionales para la piel.
⮑ **Falta de formación en los efectos nocivos de la radiación** emitida en soldadura.
⮑ **Uso de ropa de trabajo no ignífuga o que deja zonas de piel descubiertas.**

La radiación emitida durante los procesos de soldadura representa un riesgo significativo para la salud visual y dérmica de los trabajadores, así como para quienes se encuentren en las proximidades de la zona de trabajo. Protegerse adecuadamente frente a este tipo de exposición requiere el uso de equipos específicos, su mantenimiento y una formación sólida en medidas preventivas. Entre las principales medidas recomendadas se incluyen:

⮑ Utilizar siempre pantallas faciales o gafas de soldadura con filtros homologados, adecuados al tipo de soldadura realizada.
⮑ Proteger la piel con ropa ignífuga de manga larga, guantes resistentes al calor y polainas para cubrir las extremidades.
⮑ Instalar pantallas de protección colectivas en las áreas de trabajo para proteger a otros trabajadores cercanos.
⮑ Verificar periódicamente el estado de los filtros y los equipos de protección ocular, sustituyendo los deteriorados.
⮑ Capacitar a los trabajadores en los riesgos de la radiación y su prevención, fomentando la autoprotección.
⮑ Organizar el trabajo de manera que se reduzca el tiempo de exposición continua, incorporando pausas de recuperación.

Trabajador soldando, usando todos los equipos de protección individual

9. Estrés térmico

☞ **HILO CONDUCTOR**

Uno de los trabajadores le comenta a Alicia que pasa calor durante el desarrollo de su jornada laboral, le pide que le indique qué medidas deben tener en cuenta. Alicia le recuerda que el calor generado por la soldadura, junto con el uso de EPI pesados, puede provocarle estrés térmico, motivo por el que debe hidratarse con frecuencia, realizar pausas en zonas frescas y usar la ropa ignífuga ligera y transpirable que le ha suministrado la empresa para reducir este riesgo.

- -

El estrés térmico es un riesgo frecuente en los trabajos de soldadura y en otros entornos en los que se combinan las altas temperaturas, la radiación calorífica y el uso de equipos de protección individual que limitan la transpiración. Se produce cuando el cuerpo humano no puede mantener su temperatura interna dentro de los límites normales debido a la exposición prolongada al calor, lo que genera fatiga, deshidratación y, en casos graves, golpes de calor o colapsos. Este riesgo afecta tanto al rendimiento del trabajador como a su salud y su seguridad, por lo que requiere una gestión preventiva rigurosa.

Las principales causas que originan este riesgo son las siguientes:

➲ **Exposición a las altas temperaturas ambientales** en talleres, fundiciones o zonas exteriores durante el verano.

⮁ **Generación de calor debido a los procesos de soldadura y corte**, que incrementan la carga térmica del entorno inmediato.
⮁ **Uso de ropa y equipos de protección individual (EPI) pesados o poco transpirables,** que dificultan la disipación del calor corporal.
⮁ **Trabajo prolongado sin pausas ni acceso a zonas frescas de recuperación.**
⮁ **Falta de hidratación adecuada** durante la jornada laboral.
⮁ **Condiciones de ventilación insuficientes** en espacios cerrados o confinados.

La exposición a las altas temperaturas en los entornos laborales puede generar situaciones de estrés térmico que afectan seriamente a la salud y al rendimiento de los trabajadores. Para prevenir estos riesgos, es esencial adoptar medidas que garanticen unas condiciones térmicas seguras, promover el autocuidado y adecuar la organización del trabajo a las condiciones ambientales. Entre las principales medidas recomendadas se incluyen:

Implementar **sistemas de ventilación y climatización** adecuados en los talleres y en las áreas de trabajo cerradas.

Organizar las tareas de forma que **los trabajos más exigentes se realicen en las horas de menor calor ambiental.**

Establecer **pausas regulares en zonas frescas o sombreadas,** permitiendo la recuperación térmica del trabajador.

Garantizar la **ingesta frecuente de agua fresca** para evitar la deshidratación.

Seleccionar **EPI diseñados para minimizar la acumulación de calor,** como ropa ignífuga ligera y transpirable.

Capacitar a los trabajadores para el **reconocimiento temprano de los síntomas del estrés térmico** (mareos, sudor excesivo, calambres, fatiga).

Realizar una **evaluación periódica del microclima laboral** para ajustar las medidas preventivas según las condiciones reales.

10. Riesgos en atmósferas explosivas

☞ HILO CONDUCTOR

Uno de los riesgos a los que se enfrentan todas las personas que trabajan en la empresa de Alicia son los gases, los vapores o el polvo en suspensión, que pueden generar atmósferas explosivas. En estos ambientes, una simple chispa puede desencadenar un accidente catastrófico. Por ello, recalca a todas las personas que trabajan en la empresa la importancia de ventilar los espacios, usar detectores de gases, almacenar correctamente los productos inflamables y no realizar ningún trabajo hasta que no se disponga del correspondiente permiso de trabajo.

En los trabajos de soldadura existe la posibilidad de que se generen atmósferas explosivas cuando se combinan gases, vapores inflamables o polvo en suspensión con la presencia de una fuente de ignición. Estas condiciones son especialmente críticas en espacios confinados, talleres mal ventilados o áreas donde se almacenan sustancias inflamables. Una chispa, el calor del arco eléctrico o una llama pueden desencadenar una explosión con consecuencias catastróficas tanto para la seguridad de los trabajadores como para la integridad de las instalaciones.

Las principales causas que originan este riesgo son las siguientes:

- **Presencia de gases inflamables** como acetileno, propano o vapores de disolventes.
- **Acumulación de polvo combustible en suspensión** en sectores como la metalurgia o la carpintería.
- **Ventilación deficiente en espacios confinados** que favorece la concentración de mezclas explosivas.
- **Uso de equipos de soldadura con fugas de gas o conexiones defectuosas.**
- **Almacenamiento inadecuado de productos inflamables** próximos a las áreas de trabajo.
- **Falta de detección previa de atmósferas peligrosas** antes de iniciar las operaciones.

Se deben dar las tres condiciones para que se desencadene el incendio.

Los trabajos de soldadura en los entornos con riesgo de atmósferas explosivas requieren un control exhaustivo de las condiciones ambientales y de los equipos utilizados, así como una preparación adecuada del personal. La prevención en estas situaciones se basa en la detección temprana de peligros, la correcta ventilación y el cumplimiento de protocolos específicos para evitar la generación de chispas o la acumulación de gases inflamables. Entre las principales medidas recomendadas se incluyen:

- ➲ Realizar una evaluación de riesgos específica ATEX (atmósferas explosivas) antes de iniciar los trabajos.
- ➲ Garantizar una ventilación adecuada y continua en las zonas de soldadura, especialmente en espacios confinados.
- ➲ Utilizar detectores portátiles de gases para identificar atmósferas peligrosas antes y durante la tarea.
- ➲ Mantener los productos inflamables correctamente almacenados y alejados de las áreas de soldadura.
- ➲ Usar equipos de soldadura y accesorios en buen estado, con revisiones periódicas de fugas y conexiones.
- ➲ Implantar permisos de trabajo en caliente, que incluyan procedimientos de control y supervisión.
- ➲ Formar al personal en la identificación de atmósferas explosivas y en protocolos de emergencia ante explosiones o incendios.

APLICACIÓN PRÁCTICA

En un taller de soldadura metálica se va a realizar el mantenimiento de un depósito que contenía disolventes. El lugar tiene una ventilación deficiente y, cerca del área de trabajo, hay botes con restos de pintura inflamable.

Tu responsable te pide que comiences los trabajos:

* **¿Los comenzarías?**
* **¿Por qué?**
* **¿Qué necesitarías para poder hacerlo con seguridad?**

SOLUCIÓN (Posible solución)

¿Los comenzarías?

No, no se deben comenzar los trabajos de soldadura en esas condiciones.

¿Por qué?

Porque existe una atmósfera potencialmente explosiva al combinarse los vapores de los disolventes con una ventilación deficiente.

Los botes de pintura inflamable cercanos representan una fuente de combustible adicional.

La chispa o el calor del arco de soldadura actuarían como fuente de ignición, cumpliendo el triángulo del fuego y pudiendo provocar una explosión o un incendio grave.

¿Qué necesitarías para hacerlo con seguridad?

* Retirar y almacenar los productos inflamables (pinturas, disolventes) lejos del área de soldadura.
* Garantizar una ventilación adecuada y continua, natural o forzada, dentro del depósito.
* Usar detectores de gases portátiles para comprobar que no hay vapores inflamables antes y durante el trabajo.
* Revisar el equipo de soldadura para evitar fugas de gas o conexiones defectuosas.

Continúa en página siguiente >>

<< Viene de página anterior

- Contar con un permiso de trabajo en caliente autorizado, que certifique que las condiciones son seguras.
- Tener extintores y medios de emergencia a mano.
- Utilizar los EPI adecuados: máscara de soldador, ropa ignífuga, guantes aislantes y, si procede, equipos de respiración autónoma.

11. Riesgos de contactos eléctricos

 HILO CONDUCTOR

En el taller de soldadura, Alicia acaba de darse cuenta de que, en uno de los equipos que se utilizan habitualmente, un cable de alimentación eléctrico está cubierto con cinta aislante. Al preguntarle a la persona que lo está usando le indica que lleva tiempo así y que se debe a que el cable está en mal estado porque lo pisó un vehículo. Alicia le hace ver que debe de dejar de usar el equipo hasta que se repare adecuadamente, ya que estos accidentes ponen en riesgo la vida del trabajador.

Los trabajos de soldadura implican el uso de equipos eléctricos que, si no se emplean y mantienen de manera adecuada, pueden generar riesgos de electrocución o descargas eléctricas. Estos incidentes no solo representan un peligro directo para la vida del trabajador, sino que también pueden originar incendios o daños en las instalaciones. El riesgo aumenta en entornos con humedad, espacios reducidos o cuando no se siguen los procedimientos de seguridad establecidos. Por ello, la prevención de contactos eléctricos constituye un aspecto crítico en la seguridad de las operaciones de soldadura.

Las principales causas que originan este riesgo son:

Uso de equipos eléctricos defectuosos o mal mantenidos.

Cables dañados, conexiones inadecuadas o tomas de corriente sobrecargadas.

Continúa en página siguiente >>

<< Viene de página anterior

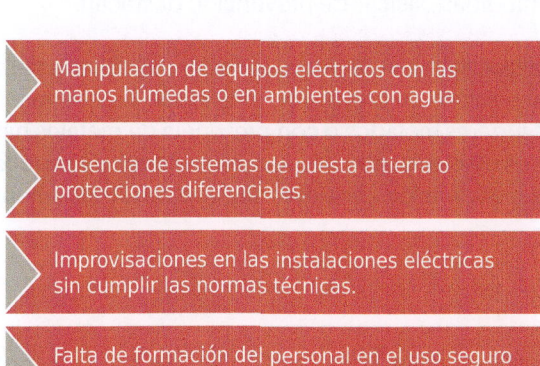

Manipulación de equipos eléctricos con las manos húmedas o en ambientes con agua.

Ausencia de sistemas de puesta a tierra o protecciones diferenciales.

Improvisaciones en las instalaciones eléctricas sin cumplir las normas técnicas.

Falta de formación del personal en el uso seguro de equipos eléctricos de soldadura.

La seguridad eléctrica en el entorno laboral es un aspecto clave para prevenir los accidentes graves como descargas, cortocircuitos o incendios. Una correcta gestión de los riesgos eléctricos implica tanto el mantenimiento técnico de las instalaciones como la concienciación y la formación del personal expuesto. Entre las principales medidas recomendadas se incluyen:

- ➲ Mantener todos los equipos eléctricos en buen estado, realizando inspecciones y mantenimientos periódicos.
- ➲ Utilizar cables, enchufes y conexiones homologadas, evitando sobrecargas en las tomas de corriente.
- ➲ Instalar sistemas de puesta a tierra y dispositivos diferenciales de protección adecuados a la instalación.
- ➲ Evitar la manipulación de equipos eléctricos en condiciones de humedad o con las manos mojadas.
- ➲ Restringir las reparaciones eléctricas a personal cualificado y autorizado.
- ➲ Formar a los trabajadores en los riesgos eléctricos y las medidas de autoprotección.
- ➲ Contar con protocolos de emergencia y primeros auxilios específicos para accidentes eléctricos.

 **IMPORTANTE**

Las malas condiciones o los fallos en las instalaciones eléctricas pueden dar lugar a incendios, explosiones, electrización, electrocución...

Entre las medidas básicas de prevención destacan:

- No realizar trabajos eléctricos sin estar capacitado para ello.
- Utilizar equipos de protección individual certificados.
- En los lugares mojados o con presencia de metales hay que utilizar solo aparatos eléctricos con pequeñas tensiones de seguridad.
- Trabajar sin tensión. Para ello, hay que seguir las cinco reglas de oro.

NOTA

Las cinco reglas de oro son:

1. Cortar todas las fuentes en tensión.
2. Bloquear los aparatos de corte.
3. Verificar la ausencia de tensión.
4. Poner a tierra y en cortocircuito todas las posibles fuentes de tensión.
5. Delimitar y señalizar la zona de trabajo.

Como medidas particulares, hay que destacar las que hay que tomar para evitar los contactos eléctricos directos y las que hay que tomar para evitar los contactos eléctricos indirectos.

DEFINICIÓN

Contacto eléctrico directo
Es el que sufre una parte del cuerpo con un elemento activo de una instalación eléctrica.

Contacto eléctrico indirecto
El que se produce cuando un individuo entra en contacto con algún elemento que no forma parte del circuito eléctrico, pero que ha adquirido tensión accidentalmente.

Ante la posibilidad de sufrir un contacto eléctrico **directo,** se debe:

- Alejar los partes activas para que no estén al alcance de las personas por contacto fortuito.
- Interponer obstáculos que impidan todo contacto accidental con las partes activas de la instalación.
- Recubrir las partes activas con material aislante.
- Utilizar tensiones inferiores a 25 V.

Ante la posibilidad de sufrir un contacto eléctrico **indirecto,** se debe:

- Llevar a cabo la puesta a tierra de las masas para desviar gran parte de la corriente eléctrica.
- Instalar un interruptor diferencial para que corte la corriente en el mismo momento que se produce una corriente de derivación.

 ## ACTIVIDAD COMPLEMENTARIA

12. Busca información para indicar cuáles son los colores indicativos de los cables de puesta a tierra.

    Además, cita un ejemplo de contacto eléctrico indirecto.

12. Riesgos derivados de la manipulación manual de cargas

 ## HILO CONDUCTOR

Algunos trabajadores están moviendo piezas pesadas doblando la espalda, motivo por el que Alicia ha decidido recordarles que la manipulación manual de cargas es una de las principales causas de lesiones lumbares y articulares. Les recalca la importancia de usar, siempre que se pueda, ayudas mecánicas, aplicar técnicas ergonómicas y mantener el área de trabajo ordenada para evitar los sobreesfuerzos y los accidentes.

La manipulación manual de cargas es una de las actividades más comunes en los entornos industriales y de soldadura, y constituye un factor de riesgo importante para la salud de los trabajadores. El levantamiento, el transporte, el empuje o el arrastre de piezas, equipos y materiales de gran peso o volumen pueden generar lesiones musculoesqueléticas, especialmente en la zona lumbar, así como trastornos en hombros, brazos y rodillas. Estos riesgos aumentan cuando no se emplean las técnicas adecuadas de manipulación o cuando las condiciones de trabajo no están adaptadas a la ergonomía del operario.

Las principales causas que originan este riesgo son:

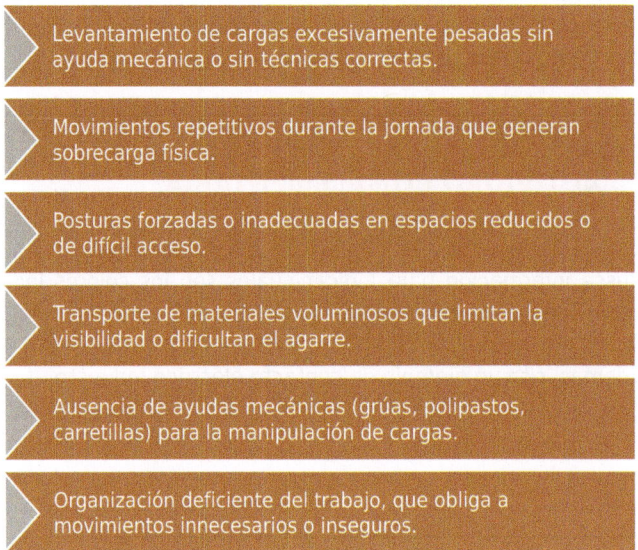

Levantamiento de cargas excesivamente pesadas sin ayuda mecánica o sin técnicas correctas.

Movimientos repetitivos durante la jornada que generan sobrecarga física.

Posturas forzadas o inadecuadas en espacios reducidos o de difícil acceso.

Transporte de materiales voluminosos que limitan la visibilidad o dificultan el agarre.

Ausencia de ayudas mecánicas (grúas, polipastos, carretillas) para la manipulación de cargas.

Organización deficiente del trabajo, que obliga a movimientos innecesarios o inseguros.

La manipulación manual de cargas sigue siendo una de las principales causas de lesiones musculoesqueléticas en el entorno laboral. Para reducir estos riesgos, es fundamental aplicar ciertos principios ergonómicos, formar adecuadamente al personal y promover el uso de ayudas mecánicas que minimicen el esfuerzo físico. Entre las principales medidas recomendadas se incluyen:

➲ Evitar, siempre que sea posible, la **manipulación manual de cargas,** utilizando equipos de ayuda mecánica.
➲ Formar al personal en **técnicas correctas de levantamiento y transporte de cargas.**
➲ Diseñar los puestos de trabajo siguiendo **criterios ergonómicos,** reduciendo posturas forzadas.

- ⊃ Limitar el **peso máximo permitido por trabajador,** siguiendo la normativa vigente.
- ⊃ Favorecer la **distribución adecuada de cargas** para que sean manejables y seguras.
- ⊃ Establecer pausas y **rotación de tareas** para reducir la fatiga física.
- ⊃ Mantener el área de trabajo en **orden y sin obstáculos,** facilitando la manipulación segura.

 SABÍAS QUE...

La información y la formación es esencial para corregir posturas erróneas y malos hábitos, ofreciendo consejos ergonómicos. De esta manera, se evitan dolores, fatiga, alteración del equilibrio, etc.

Higiene postural al coger una carga

En los trabajos de soldadura, cuando los operarios necesiten levantar cargas en talleres, almacenes u otras áreas de trabajo, se deberán tener en cuenta las siguientes recomendaciones:

- ⊃ Separar los pies.
- ⊃ No doblar la espalda para coger el objeto, sino que hay que agacharse flexionando las piernas y manteniendo recta la columna vertebral. Luego hay que agarrar firmemente la carga, pegarla al cuerpo y levantarse poco a poco con la espalda recta.

Trabajador levantando la carga correcta e incorrectamente

Higiene postural al transportar una carga

Cuando un operario transporte una carga, debe seguir las siguientes recomendaciones:

- ⮑ La carga se mantendrá pegada al cuerpo.
- ⮑ La espalda se mantendrá recta.
- ⮑ No girará el tronco.

Otros aspectos que tener en cuenta en el levantamiento y el transporte de la carga

Puede darse el caso de que la carga posea un peso considerable, caso en el que debe ser levantada y transportada por más de una persona.

Hay que tener en cuenta que el peso máximo para levantar y transportar es:

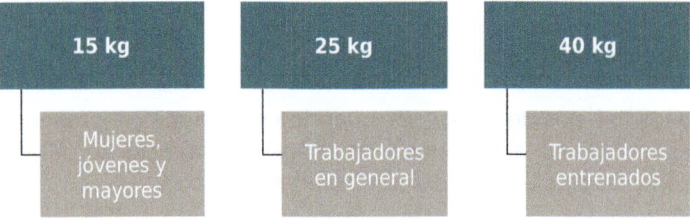

IMPORTANTE

La carga siempre se debe agarrar por el lugar correspondiente (asas, huecos seguros, etc.) y no debe transportarse más de 10 m de distancia.

No es recomendable transportar las cargas manualmente si hay que transitar por cuestas y escalones.

 **PARA SABER MÁS**

El Instituto Nacional de la Seguridad y Salud en el Trabajo tiene publicada la *Guía técnica para la evaluación y prevención de los riesgos derivados de la manipulación manual de cargas,* en la que se recogen todos los aspectos relacionados con este riesgo.

Puedes acceder a ella a través del siguiente enlace:

https://redirectoronline.com/uf29990401

13. Mantenimiento del equipo de soldadura

 **HILO CONDUCTOR**

Alicia está revisando los equipos que utilizan sus trabajadores y ha detectado que muchos de ellos no tienen un mantenimiento correcto, motivo por el que ha pensado que debe generar una guía en la que se recoja la importancia del mantenimiento de los equipos, puesto que un mantenimiento deficiente puede convertirse en un riesgo grave. Entre los aspectos que cree que debe recoger en la guía destacan la acumulación de los residuos, las conexiones flojas o las reparaciones improvisadas que aumentan las probabilidades de accidentes. Por ello, ha decidido que generará unas etiquetas en la que se recojan las revisiones programadas y los componentes dañados que se han sustituido, de forma que sirvan como registros de mantenimiento que garanticen la seguridad y el buen funcionamiento del equipo.

El mantenimiento adecuado de los equipos de soldadura es un aspecto fundamental para garantizar la seguridad de los trabajadores y la eficiencia de las operaciones. Un equipo mal conservado puede ser el origen de riesgos eléctricos, incendios, explosiones o fallos en la calidad de las uniones soldadas. Además, prolonga la vida útil de los equipos y reduce los costes asociados a las averías imprevistas. Por estas razones, el mantenimiento debe considerarse una medida técnica y una práctica preventiva relevante en los entornos de trabajo.

Las principales causas que incrementan los riesgos por falta de mantenimiento son:

- Acumulación de polvo, grasa o residuos metálicos que deterioran los equipos.
- Conexiones eléctricas flojas o dañadas, con riesgo de descargas o incendios.
- Mangueras y válvulas defectuosas en equipos de soldadura oxiacetilénica.
- Uso continuado sin revisiones periódicas, lo que genera desgaste prematuro de componentes.
- Reparaciones improvisadas sin seguir las instrucciones del fabricante ni contar con personal cualificado.
- Falta de calibración de los equipos, que afecta a la calidad del trabajo y aumenta la exposición a radiaciones o gases.

El mantenimiento adecuado de los equipos de trabajo es esencial para garantizar su funcionamiento seguro, prolongar su vida útil y prevenir accidentes derivados de fallos técnicos. Una estrategia de mantenimiento efectiva combina acciones preventivas, correctivas y de inspección rutinaria, apoyadas por personal cualificado y procedimientos bien definidos. Entre las principales medidas recomendadas se encuentran:

- Implementar un plan de mantenimiento preventivo y correctivo, con revisiones programadas.
- Limpiar periódicamente los cables, los conectores y los equipos de ventilación.
- Sustituir inmediatamente los componentes defectuosos (cables, mangueras, válvulas, filtros).
- Realizar revisiones de calibración y ajustes técnicos según las recomendaciones del fabricante.
- Permitir únicamente a personal cualificado la reparación y la revisión de equipos.
- Mantener un registro actualizado de mantenimiento que facilite la trazabilidad de las intervenciones realizadas.
- Fomentar la inspección visual diaria por parte de los operarios, para detectar anomalías antes de que se conviertan en fallos graves.

 **APLICACIÓN PRÁCTICA**

Vas a comenzar tu jornada de trabajo y te han asignado los trabajos diarios. Tras los últimos problemas que has tenido con los equipos, has decidido realizar una revisión rápida de mantenimiento preventivo a los equipos que vas a utilizar.

Entre los elementos que te han entregado se encuentran:

- **El equipo de soldadura completo (máquina, cables, pinza de masa y portaelectrodos).**
- **Un paño de limpieza y aire comprimido.**
- **Una hoja de verificación para anotar observaciones.**

Identifica los posibles defectos, y sus soluciones, que puedes detectar al realizar una inspección visual de los elementos recibidos.

¿Por qué es importante realizar esta revisión antes de cada jornada de trabajo?

SOLUCIÓN (Posible solución)

Defectos identificables y acciones correctivas:

- Cable dañado → Riesgo eléctrico → Marcar y retirar el equipo hasta su reparación.
- Conexión floja → Riesgo de chispazos o sobrecalentamiento → Apretar o reemplazar terminales.
- Ventilación con polvo → Riesgo de sobrecalentamiento → Limpiar con paño/aire comprimido.
- Pinza de masa floja/oxidada → Soldadura inestable → Ajustar o sustituir.

Importancia de la revisión:

La revisión es importante porque previene accidentes eléctricos, incendios o fallos del equipo, asegurando una soldadura de calidad y prolongando la vida útil del equipo.

14. Resumen

En la gestión de los riesgos en los entornos laborales, se debe enfatizar la prevención de los accidentes relacionados con la caída de objetos pesados, golpes, riesgos térmicos, eléctricos y manipulaciones manuales de cargas. En especial, en las actividades industriales y de soldadura, el riesgo de caída de los objetos pesados es elevado y puede ocurrir durante la manipulación, el almacenamiento en altura, el transporte interno o el uso inadecuado de herramientas y equipos de elevación, causando lesiones graves, daños materiales y paralización de actividades.

En el sector de los trabajos de soldadura, se pueden producir diferentes tipos de accidentes, incluyendo quemaduras por metal fundido, intoxicaciones por humo, atrapamientos, descargas eléctricas y caídas. La prevención se basa en la formación, el uso riguroso de los equipos de protección individual (EPI) y de las medidas específicas como la instalación de los dispositivos de seguridad en los equipos de soldadura y la puesta a tierra adecuada para evitar los contactos eléctricos.

Los riesgos derivados de la manipulación manual de cargas pueden causar lesiones musculoesqueléticas en la espalda, los hombros, los brazos o las rodillas. Es importante utilizar las técnicas adecuadas y adaptar las condiciones laborales a la ergonomía del trabajador, además de evitar movimientos repetitivos que sobrecarguen físicamente a los trabajadores.

El mantenimiento adecuado de los equipos de soldadura es otro aspecto fundamental para garantizar la seguridad y la eficiencia. Un equipo conservado adecuadamente reduce los riesgos eléctricos, los incendios, las explosiones y los fallos en la calidad de las soldaduras, además de prolongar su vida útil y disminuir los costes debidos a las averías inesperadas.

La prevención efectiva requiere la combinación de la formación, la cultura preventiva, la señalización clara, el uso correcto de los EPI, el mantenimiento regular de los equipos y los sistemas, y una gestión segura y organizada de las actividades laborales para proteger a los trabajadores, preservar los equipos y asegurar la continuidad operativa.

Ejercicios de autoevaluación
Unidad de Aprendizaje 4

1. ¿Cuál es la principal consecuencia de la manipulación manual inadecuada de cargas en soldadura?

   a. Lesiones respiratorias.
   b. Lesiones musculoesqueléticas.
   c. Quemaduras térmicas.
   d. Intoxicaciones químicas.

2. El uso de ropa ignífuga en soldadura está destinado principalmente a prevenir:

   a. Lesiones por inhalación de gases.
   b. Contactos eléctricos.
   c. Quemaduras en la piel.
   d. Lesiones musculares.

3. ¿Qué tipo de radiación emitida durante la soldadura es especialmente peligrosa para los ojos?

   a. Radiación infrarroja.
   b. Radiación ultravioleta.
   c. Radiación microondas.
   d. Radiación láser.

4. Una de las causas principales de incendio en soldadura es:

   a. Acumulación de polvo metálico.
   b. Sobrecarga de instalaciones eléctricas.
   c. Falta de hidratación.
   d. Deficiencias ergonómicas.

5. ¿Qué dispositivo de seguridad evita los retrocesos de llama en la soldadura oxiacetilénica?

   a. Filtro de aire.
   b. Apagallamas.

c. Extractor de humos.

d. Regulador de presión.

6. ¿Cuál es el riesgo principal de soldar en un espacio confinado sin ventilación?

a. Fatiga muscular.

b. Acumulación de humos y gases tóxicos.

c. Estrés térmico leve.

d. Interferencias eléctricas.

7. La instalación de sistemas de puesta a tierra en soldadura busca prevenir:

a. Lesiones por radiación.

b. Quemaduras químicas.

c. Descargas eléctricas.

d. Estrés térmico.

8. ¿Qué elemento ayuda a detectar atmósferas explosivas antes de soldar en espacios confinados?

a. Detector portátil de gases.

b. Pantalla de soldador.

c. Extractor de humos.

d. Carro portabotellas.

9. ¿Qué efecto puede tener la inhalación crónica de humos de soldadura?

a. Enfermedades respiratorias.

b. Estrés térmico.

c. Dolores lumbares.

d. Mareos por calor.

10. **¿Qué documento establece las medidas que hay que seguir para controlar incendios y explosiones?**

    a. Plan de emergencias.
    b. Manual de calidad.
    c. Registro de mantenimiento.
    d. Guía de producción.

Glosario

Accidente de trabajo
Lesión corporal que sufre un trabajador con ocasión o por consecuencia del trabajo que ejecuta por cuenta ajena.

Aparato circulatorio
Sistema encargado del transporte de la sangre en el cuerpo humano, compuesto por corazón, arterias, venas y capilares.

Aparato digestivo
Conjunto de órganos que transforman los alimentos en nutrientes y expulsan los desechos.

Aparato locomotor
Sistema formado por huesos y músculos que permite el movimiento corporal.

Aparato respiratorio
Conjunto de órganos que permite el intercambio de gases entre el organismo y el ambiente.

Botiquín
Conjunto de materiales y medicamentos básicos utilizados para prestar primeros auxilios.

Carga manual
Toda operación de transporte o sujeción de una carga por parte de uno o varios trabajadores.

Cultura preventiva
Conjunto de valores, actitudes y prácticas orientadas a la seguridad y la salud laboral, asumidas por todos los niveles de la organización.

Daños derivados del trabajo
Enfermedades, patologías o lesiones que se producen con motivo u ocasión del trabajo.

Descarga eléctrica
Paso de corriente eléctrica a través del cuerpo, que puede provocar desde una leve molestia hasta la muerte.

Emergencia
Situación inesperada que pone en peligro la seguridad o la salud de los trabajadores y que requiere una respuesta inmediata.

Enfermedad profesional
Enfermedad contraída como consecuencia del trabajo realizado por cuenta ajena en actividades que impliquen exposición a agentes específicos.

EPI (equipo de protección individual)
Dispositivo o medio de uso personal destinado a proteger al trabajador de uno o varios riesgos.

Ergonomía
Ciencia que estudia la adaptación del trabajo a las capacidades y las limitaciones del ser humano.

Evacuación
Proceso de retirada ordenada de las personas de una zona de peligro hacia un lugar seguro.

Factores de riesgo
Condiciones o circunstancias que aumentan la probabilidad de que se produzcan daños derivados del trabajo.

Fuego
Reacción química de oxidación rápida con desprendimiento de calor y luz. Constituye un riesgo potencial en ambientes laborales.

Humo metálico
Vapores sólidos que se generan durante la soldadura de metales y que pueden contener partículas tóxicas.

Incendio
Fuego no controlado que puede provocar daños personales, materiales o ambientales.

In itinere

Accidente sufrido al ir o al volver del lugar de trabajo, considerado legalmente como accidente laboral.

Intoxicación

Efecto nocivo provocado por la inhalación, la ingestión o el contacto con sustancias tóxicas.

Movilización primaria

Acción inmediata y organizada para trasladar a una persona accidentada a una zona segura sin agravar sus lesiones.

Patología derivada del trabajo

Trastorno físico o mental asociado a la actividad laboral, aunque no se reconozca como enfermedad profesional.

Plan de evacuación

Conjunto de procedimientos destinados a organizar la salida de los trabajadores en caso de emergencia.

Prevención

Conjunto de medidas adoptadas para evitar o reducir los riesgos laborales.

Primeros auxilios

Atención inmediata proporcionada a una persona accidentada o enferma hasta la llegada de asistencia médica especializada.

Riesgo laboral

Posibilidad de que un trabajador sufra un daño derivado del trabajo.

Riesgo grave e inminente

Aquel que racionalmente se considera probable que se materialice en un futuro inmediato y que pueda causar un daño grave para la salud.

Riesgos generales

Aquellos comunes a diferentes sectores y puestos de trabajo (ruido, iluminación deficiente, manipulación de cargas...).

Riesgos específicos

Riesgos propios de una actividad concreta, como la soldadura.

Salud laboral

Estado de completo bienestar físico, mental y social de los trabajadores, y no solo la ausencia de enfermedad o dolencia.

Shock
Estado de alteración grave en la circulación sanguínea que compromete la vida del herido.

Simulacro
Ejercicio práctico que reproduce una emergencia para entrenar la respuesta del personal y evaluar los planes de actuación.

Sistema de extinción
Conjunto de medios técnicos automáticos o manuales para controlar y apagar un incendio.

Sistema nervioso
Red de órganos y tejidos que controlan las funciones del cuerpo y permiten la interacción con el entorno.

Trabajo
Actividad física o intelectual que realiza una persona para obtener un producto o un servicio, generalmente a cambio de una retribución.

Ventilación
Renovación del aire en un espacio cerrado para mantener condiciones saludables, especialmente importante en trabajos de soldadura.

Bibliografía

_____

Monografías

→ ALEMÁN Pardo, F., ALEMÁN Guillén, F. y ALEMÁN Guillén, P: *Diccionario de Prevención de Riesgos Laborales*. Madrid: Wolters Kluwer España, S. A., 2020.

> Obra práctica destinada a la consulta por las personas que trabajan en el ámbito de la prevención de los riesgos laborales en la que se recogen distintos criterios jurisprudenciales de distintas situaciones planteadas ante los tribunales que permiten analizar las consecuencias jurídicas previstas en la normativa de prevención de riesgos laborales ante los casos de incumplimiento.

→ CORTÉS Díaz, J. M.: *Técnicas de prevención de Riesgos Laborales. Seguridad e Higiene del Trabajo*. Madrid: Tébar Flores, 2018.

> Libro en el que se tratan los aspectos fundamentales de la prevención de riesgos como son la salud, la seguridad, la investigación de los accidentes, equipos de protección, etc.

→ GARCÍA Segura, V.: *Básico de Prevención de Riesgos Laborales para Trabajo en altura*. Antequera: IC Editorial, 2023.

> Libro en el que, además de establecer el marco normativo y conceptual, se establecen los aspectos que se deben analizar para llevar a cabo un análisis de riesgo y establecer las medidas preventivas cuando se desarrollen trabajos en altura.

→ GARCÍA Segura, V.: *Prevención de Riesgos Laborales Básico. Trabajo en altura*. Antequera: IC Editorial, 2014.

> Manual con el que se pretende formar a las personas lectoras sobre la importancia que adquiere el trabajo en altura para evitar que se produzcan accidentes con consecuencias graves o muy graves, incidiendo en la importancia de la correcta selección y mantenimiento de los equipos de protección individual.

→ MATEO Floria, P., GONZÁLEZ Ruiz, A. y GONZÁLEZ Maestre, D.: *Manual para el técnico en Prevención de Riesgos Laborales*. Madrid: Fundación Confemetal, 2010.

Manual recomendable para las personas que se inician en la prevención de riesgos laborales y en el que se reproducen distintas situaciones que se pueden encontrar y las medidas más adecuadas que se deben implantar.

→ PÉREZ Huguet, R.: *Prevención de riesgos laborales en la construcción*. Antequera: IC Editorial, 2025.

Libro que establece el marco normativo básico que se debe tener en cuenta en el sector de la construcción, haciendo hincapié en los sistemas de prevención, especificando las funciones que lleva a cabo el control de los riesgos laborales y el control de la salud de los trabajadores.

→ RUBIO Ruiz, A.: *Manual de derechos, obligaciones y responsabilidades en la prevención de riesgos laborales*. Madrid: Fundación Confemetal, 2002.

Manual destinado a las personas que intervienen en la prevención de los riesgos laborales en el que se recoge de forma clara y precisa el alcance de los derechos, las obligaciones y las responsabilidades con respecto a la prevención de riesgos laborales que tienen las empresas y las personas trabajadoras.

Textos electrónicos, bases de datos y programas informáticos

→ Guías técnicas específicas del Instituto Nacional de Seguridad y Salud en el trabajo, de:
<https://www.insst.es/especificas>.

Página web en la que se puede acceder a las distintas guías técnicas específicas publicadas por el INSST para facilitar la aplicación de los reales decretos que desarrollan la Ley de Prevención de Riesgos Laborales.

→ Guías técnicas transversales del Instituto Nacional de Seguridad y Salud en el trabajo, de:
<https://www.insst.es/guias-tecnicas-transversales>.

Página web en la que se puede acceder a las distintas guías técnicas transversales publicadas por el INSST para facilitar la aplicación de los reales decretos que desarrollan la Ley de Prevención de Riesgos Laborales.

→ Manual básico de seguridad y salud en el trabajo, de:
<https://invassat.gva.es/es/manual-basico-sst>.

Página web en la que se recogen distintos aspectos relacionados con la seguridad y la salud en el trabajo y que permite la descarga de materiales. Destaca el procedimiento MB331802302 de riesgos específicos y su prevención en el sector de la construcción.

→ Manual de prevención de riesgos laborales de la Universidad de Sevilla, de: <http://direccioncitius.us.es/2016-11_Manual_de_PRRLL_de_la_US.pdf>.

> Ejemplo de manual de prevención de riesgos laborales desarrollado por la Universidad de Sevilla.

→ Manual de procedimientos de prevención de riesgos laborales. Guía de elaboración, de: <https://www.cnae.com/ficheros/files/prl/Manual_procedimientos.pdf>.

> Publicación en la que se recoge un listado de procedimientos preventivos acompañados de criterios y pautas de actuación para facilitar su implantación en la empresa.

→ Manual de seguridad, de <https://www.isastur.com/external/seguridad/data/es/1/1_1.htm>.

> Página web en la que se puede acceder al manual de seguridad vigente para los trabajadores de la empresa ISASTUR.

→ Seguridad en trabajos en altura. Guía para la prevención de riesgos laborales en la ejecución de trabajos en altura con riesgo de caída desde altura, de: <https://www.osalan.euskadi.eus/contenidos/libro/seguridad_200735/es_200735/adjuntos/Trabajos%20en%20altura.pdf>.

> Documento del Instituto Vasco de Seguridad y Salud Laborales del Gobierno Vasco en el que se recogen los riesgos presentes en las obras de construcción y las medidas preventivas que se deben llevar a cabo para proteger a las personas trabajadoras contra el riesgo de caídas desde altura.

Legislación y normativa

→ Ley 23/2015, de 21 de julio, Ordenadora del Sistema de Inspección de Trabajo y Seguridad Social.

→ Ley 54/2003, de 12 de diciembre, de reforma del marco normativo de la prevención de riesgos laborales.

→ Ley 31/1995, de 8 de noviembre, de Prevención de Riesgos Laborales.

→ Ley 38/1999, de 5 de noviembre, de Ordenación de la Edificación.

→ Real Decreto Legislativo 8/2015, de 30 de octubre, por el que se aprueba el texto refundido de la Ley General de la Seguridad Social.

→ Real Decreto 337/2010, de 19 de marzo, por el que se modifican el R. D. 39/1997, de 17 de enero, por el que se aprueba el Reglamento de los Servicios de Prevención, el R. D. 1109/2007, de 24 de agosto, por el que se desarrolla la Ley 32/2006, de 18 de octubre, reguladora de la subcontratación en el sector de la construcción y el R. D. 1627/1997, de 24 de octubre, por el que se establecen disposiciones mínimas de seguridad y salud en obras de construcción.

→ Real Decreto 486/2010, de 23 de abril, sobre la protección de la salud y la seguridad de los trabajadores contra los riesgos relacionados con la exposición a radiaciones ópticas artificiales.

→ Real Decreto 286/2006, de 10 de marzo, sobre la protección de la salud y la seguridad de los trabajadores contra los riesgos relacionados con la exposición al ruido.

→ Real Decreto 604/2006, de 19 de mayo, por el que se modifican el Real Decreto 39/1997, de 17 de enero, por el que se aprueba el Reglamento de los Servicios de Prevención, y el Real Decreto 1627/1997, de 24 de octubre, por el que se establecen las disposiciones mínimas de seguridad y salud en las obras de construcción.

→ Real Decreto 1299/2006, de 10 de noviembre, por el que se aprueba el cuadro de enfermedades profesionales en el sistema de la Seguridad Social y se establecen criterios para su notificación y registro.

→ Real Decreto 1311/2005, de 4 de noviembre, sobre la protección de la salud y la seguridad de los trabajadores frente a los riesgos derivados o que puedan derivarse de la exposición a vibraciones mecánicas.

→ Real Decreto 374/2001, de 6 de abril, sobre la protección de la salud y seguridad de los trabajadores contra los riesgos relacionados con los agentes químicos durante el trabajo.

→ Real Decreto 39/1997, de 17 de enero, por el que se aprueba el Reglamento de los Servicios de Prevención.

→ Real Decreto 485/1997, de 14 de abril, sobre disposiciones mínimas en materia de señalización de seguridad y salud en el trabajo.

→ Real Decreto 486/1997, de 14 de abril, por el que se establecen las disposiciones mínimas de seguridad y salud en los lugares de trabajo.

→ Real Decreto 487/1997, de 14 de abril, sobre disposiciones mínimas de seguridad y salud relativas a la manipulación manual de cargas que entrañe riesgos, en particular dorsolumbares, para los trabajadores.

→ Real Decreto 664/1997, de 12 de mayo, sobre la protección de los trabajadores contra los riesgos relacionados con la exposición a agentes biológicos durante el trabajo.

→ Real Decreto 665/1997, de 12 de mayo, sobre la protección de los trabajadores contra los riesgos relacionados con la exposición a agentes cancerígenos durante el trabajo.

→ Real Decreto 773/1997, de 30 de mayo, sobre disposiciones mínimas de seguridad y salud relativas a la utilización por los trabajadores de equipos de protección individual.

→ Real Decreto 1627/1997, de 24 de octubre, por el que se establecen disposiciones mínimas de seguridad y de salud en las obras de construcción.

→ Orden de 16 de diciembre de 1987 por la que se establecen nuevos modelos para la notificación de accidentes de trabajo y se dan instrucciones para su cumplimentación y tramitación.